W0279420

*Françoise Sagan* erinnert sich an die verrückteste Zeit ihres Lebens, die fünfziger Jahre. Nach einem furchtbaren Krieg konnte endlich alle Welt wieder aufatmen. In der Philosophie stand der Existentialismus Sartrescher Prägung in Blüte; Juliette Gréco feierte Triumphe mit ihren Chansons; die Kellerlokale von Saint-Germain-des-Prés waren Anziehungspunkt der intellektuellen Jugend. Françoise Sagan hatte 1953 ein Buch geschrieben, das fast einen Skandal auslöste und in dem sich das Lebensgefühl der modernen *jeunesse dorée* widerspiegelte.

Die jugendliche Autorin tummelte sich auf Partys, fuhr schnelle Autos, entdeckte das Roulette und fing an, Theaterstücke zu schreiben. Als sie dann auch Regie führen wollte, ging alles gründlich daneben. Aber sie hatte wenigstens ihren Spaß dabei. Sie machte Reisen und lernte berühmte Künstlerkollegen kennen, die afroamerikanische Jazzsängerin Billie Holiday, die elend an Drogen zugrunde ging; den im Umgang mit Produzenten und Geldgebern schwierigen Orson Welles; den Schriftsteller Tennessee Williams, der lachte, „um nicht weinen zu müssen“, wenn er die Zeitung las.

Ihre sehr persönlichen Erinnerungen sind dik-
tiert von starker Sympathie für die Kunst und die Künstler. Mit leiser Wehmut und doch voller Humor blickt Françoise Sagan zurück, auch auf ihr Saint-Tropez, vormals ein Treff der Künstler und heute nur noch eine der vielen Touristenattraktionen an der Côte d'Azur, an einem Mittelmeer, „in dem die Fische an Ölverschmutzung sterben, dessen Strände schon beim ersten Äquinoktium schmutzig sind und an dem man sich bei Nacht zu Fuß nur mit einer Spraydose bewaffnet bewegen kann.

*Françoise Sagan*

# Das Lächeln der Vergangenheit

Erinnerungen

*Deutsch*
*von Hermann Stiehl*

Aufbau-Verlag

Titel der französischen Originalausgabe

Avec mon meilleur souvenir

ISBN 3-351-01602-6

1. Auflage 1990
Aufbau-Verlag Berlin und Weimar
Ausgabe für die Deutsche Demokratische Republik
mit Genehmigung des C. Bertelsmann Verlages, München

Einbandgestaltung Regine Schmidt
Lichtsatz Karl-Marx-Werk, Graphischer Großbetrieb, Pößneck V 15/30
Druck und Binden
III/9/1 Grafischer Großbetrieb Völkerfreundschaft Dresden
Printed in the German Democratic Republic
Lizenznummer 301. 120
Bestellnummer 614 420 2
00185

*Meiner Mutter*

J'aurais voulu montrer aux enfants ces dorades
Du flot bleu, ces poissons d'or, ces poissons chantants.

Die Kinder hätten dies Dorado sehen müssen
Der blauen Flut, den Fisch aus Gold, den Fisch, der singt.

*Rimbaud, Das trunkene Schiff*

Ich hätte den Kindern gerne diese Doraden der blauen Flut gezeigt, diese goldenen Fische, diese singenden Fische.

(KK 3/9/2012)

– siehe auch S. 97 –

# Billie Holiday

New York ist eine Freiluftstadt, mit der Schnur abgesteckt, vom Wind durchweht und gesund, mit zwei funkelnden Flüssen, dem Hudson und dem East River. New York schwingt Tag und Nacht unter Meereswinden, die bei Tag den Geruch von Salz und Benzin, bei Nacht den von verschüttetem Alkohol mit sich tragen. New York riecht nach Ozon, nach Neonlicht, Meer und frischem Teer; New York ist eine große junge blonde Frau, strahlend und provozierend in der Sonne, schön wie jener „Traum aus Stein", von dem Baudelaire sprach. Und New York hat auch, wie manche dieser zu blonden Frauen, seine düsteren und schwarzen, undurchsichtigen und verwüsteten Zonen. Kurz, wenn der Leser mir diesen Gemeinplatz durchgehen läßt – und was bleibt ihm anderes übrig? –: New York ist eine faszinierende Stadt.

Und fasziniert war ich schon gleich beim ersten Mal, als ich diese Stadt besuchte, freilich eingeladen von meinem Verleger und belastet mit dem Zwang einer solchen Einladung:

Werberummel um einen Autor. Ich war kaum wieder in Paris, da träumte ich schon davon, als freier Mensch dorthin zurückzukehren, und das tat ich auch, ein, zwei Jahre später: frei von allen Bindungen, selbst denen der Einsamkeit, denn ich ließ mich begleiten von einem sehr lieben Freund namens Michel Magne, einem Komponisten, der gerade durch seine Filmmusiken und seine Forschungen auf dem Gebiet der Synthesizer bekannt wurde. Michel Magne sprach kein Wort Englisch, quoll aber über vor guter Laune, nahm es ohne allzu viele Flüche hin, daß Passanten ihre Bananenschalen und Zigarettenkippen in den Kasten warfen, in den er seine Liebesbriefe steckte und auf dem doch, für seine Augen deutlich erkennbar, das Wort „litters"* stand. Jedenfalls, er war seit zehn Jahren genauso besessen wie ich (ich war damals etwa zwei-, dreiundzwanzig Jahre alt): man mußte Billie Holiday kennenlernen, sie „leibhaftig" singen hören, die Diva des Jazz, Lady Day, die Callas, den Star, die Stimme des Jazz schlechthin. Sie war für Michel Magne wie für mich die Stimme Amerikas, noch nicht die schmerzvolle und zerrissene Stimme des schwarzen Amerika, sondern eher die wollüstige, rauhe und kapriziöse Stimme des Jazz im Rohzustand. Von *Stormy Weather* bis *Strange Fruits*, von *Body and Soul* bis *Solitude*, von Jack Teagarden bis Barney Bigard, von Roy Eldridge bis Barney Kessel – Michel Magne und ich hatten, getrennt voneinander, aber beide gleichaltrig, hemmungslos geweint oder vor Freude gelacht, wenn wir diese Melodien hörten.

Kaum im „Pierre" abgestiegen, dem einzigen Hotel, das ich kannte, weil mich mein großer Verleger damals bei meinem ersten Besuch dort untergebracht hatte, fragten, verlangten wir nach Billie Holiday. Wir glaubten, sie feiere wie üblich in der Carnegie Hall Triumphe. Man teilte uns recht betreten und verwirrt mit, was heute die Direktoren von Konzerttheatern auf der ganzen Welt zu einem schallenden Gelächter veranlassen würde: Madame Billie Holiday habe vor kurzem auf der

* (engl.) Abfälle; lettres (franz.) = Briefe.

Bühne ein Rauschmittel eingenommen und dürfe deshalb einige Monate lang in New York nicht mehr auftreten! ... New York war damals, 1956, sehr puritanisch und auch sehr nachtragend. Wirklich nachtragend, denn erst nach drei Tagen erfuhren wir, daß Billie Holiday in einem Lokal im Bundesstaat Connecticut sang. „In Connecticut? Nicht weiter schlimm. Taxi! Wir fahren nach Connecticut." Connecticut war etwas weiter entfernt, als wir uns das gedacht hatten, und wir legten fast dreihundert Kilometer in eisiger Kälte zurück, bevor wir einen extravaganten, verlorenen Ort betraten (zumindest kam er mir so vor): Ein Country-Music-Lokal mit einem kaum aufregenden, sehr geräuschvollen und lebhaften Publikum, aus dem sich plötzlich eine kräftige, schwarze Frau erhob, groß, die Augen zu Schlitzen verengt, die sie kurz ganz schloß, ehe sie zu singen begann und wir sofort in Milchstraßenhöhen erhoben wurden: heiter, verzweifelt, sinnlich oder zynisch, wie es ihr gerade gefiel. Wir waren überwältigt, wir hätten uns nicht mehr erträumen können. Und ich glaube, wir wären die dreihundert Kilometer in diesem Glücksgefühl und in dieser Kälte wieder zurückgefahren, wenn nicht jemandem eingefallen wäre, uns ihr vorzustellen. Man sagte ihr, diese zwei kleinen Franzosen hätten die Unendlichkeit des Atlantiks, die Vorortviertel von New York und die Grenzen des Bundesstaates New York hinter sich gelassen, nur um sie singen zu hören. „Oh dears!" sagte sie zärtlich. „How crazy you are! ..."*

Zwei Tage später trafen wir sie bei Eddie Condon um vier Uhr morgens wieder – eine Zeit, die sie offenbar für die vernünftigste und angenehmste hielt. Eddie Condon war, glaube ich, Eigentümer

* (engl.) Oh, ihr Lieben! Wie verrückt ihr seid!

eines damals sehr besuchten Nachtlokals, eines Lokals für Weiße, downtown gelegen, und er war selbst ein solcher Jazzfan, daß er, wenn die letzte durstige Seele gegangen war, sein Lokal Musikern überließ, die nach anderem dürsteten. Um 3 Uhr 30 schloß er vorne ab, und wir betraten durch den Dienstboteneingang ein riesiges, fast völlig im Dunkeln liegendes Nachtlokal: man sah nur das Weiß der schon für den nächsten Tag aufgelegten Tischdecken und im Scheinwerferlicht der Bühne das Piano, einen Schlagbaß und Blasinstrumente.

Wir verbrachten vierzehn Tage – genauer gesagt, vierzehn späte Nächte, von 4 Uhr morgens bis 11 oder 12 Uhr mittags – in diesem ständig verräucherten Lokal, um Billie Holiday singen zu hören. Michel begleitete sie manchmal auf dem Klavier, dann war er furchtbar stolz, und wenn er sie nicht begleitete, dann war es einer der zahllosen Musiker, einer der Bewunderer von Billie Holiday, die, durch die tausend Tamtams des Jazz verständigt, die in der Nacht von New York widerhallten, alle nacheinander aus dem einen oder anderen Club herbeigeeilt kamen. Zu den wenigen Zuhörern gehörten nur wir zwei Franzosen, zwei, drei Freunde von Lady Day oder Freunde ihres Mannes, ihres Mannes von damals, eines großen, düsteren Burschen, mit dem sie recht heftig sprach. Auf der Bühne waren, außer Cozy Cole am Schlagzeug, zwanzig berühmte Jazzmusiker, einer berühmter als der andere. Gerry Mulligan spielte im Duett mit der Stimme unserer Freundin – sie war inzwischen unsere Freundin geworden –, und es wurde viel getrunken, viel gelacht, und es kam zu Mißverständnissen und zu Streitereien, die sich ebenso schnell wieder legten, wie sie aufgeflammt waren. Unsere Freundin Billie Holiday, die uns wie Kindern den Kopf tätschelte und von der uns, ohne daß wir die geringste Ahnung davon hatten, eine tragische Vergangenheit trennte, ein schreckliches Schicksal, ein aufgewühltes und gewalttätiges, aber auch begabtes Leben, in dem sie sich ihre Wünsche erfüllen und über anderes hinwegsehen konnte, dadurch, daß sie einfach die Augen schloß und aus ihrer Kehle dieses Stöhnen hervorquellen ließ, belustigt, zynisch und doch zutiefst verletzlich ... unnachahmlich, der Aufschrei einer triumphierenden und despotischen Persönlichkeit, königlich im perfekten Naturell, denn an ihr war nichts Gekünsteltes, nichts offenkundig Kompliziertes. Ich wußte damals nicht, daß ein Leben allein alle Labyrinthe des verschlossensten und abartigsten Gehirns in sich bergen kann. Ich wußte nicht, daß sie ein zum Zerreißen gespannter, fast blutender Körper war, der sich ins Leben stürzte unter Schlägen und Liebkosungen, denen sie, wie es schien, einfach durch ihr Atmen trotzte. Sie war eine femme fatale, insofern als die Fatalität sie von Anfang an erfaßt und nicht wieder losgelassen hatte und ihr, nach tausend Verletzungen und tausend nicht weniger heftigen Freuden, als Verteidigung nichts gelassen hatte als diese humoristische Intonation – diesen bizarr rauhen Ton, wenn sie sich weit von uns entfernt hatte, oder diesen ganz leisen Ton, wenn sie plötzlich auf dem Umweg über ihr spöttisches Lächeln und den Blick in ihren zugleich stolzen und furchtsamen Augen zu uns zurückkehrte.

Wir fanden wenig Schlaf damals, und ich möchte schwören, daß ich manchmal die Fünfte Avenue zu Fuß entlanggegangen bin, am hellichten Tag, allein mit ihr und mit Michel, allein zu dritt in einer verlassenen Stadt, wo es nach den Schreien der Saxophone, dem Trommeln des Schlagzeugs und dem Schall ihrer Stimme aufgrund des Phänomens der Sättigung nichts mehr gab als das Echo unserer Schritte auf dem Bürgersteig. Ich möchte schwören, New York um die Mittagsstunde völlig leer gesehen zu haben, erfüllt nur von dieser großartigen Frau, die dann, nachdem sie uns kurz umarmt hatte, in einem dieser langen und staubigen Wagen verschwand, der einer höchst schicksalsträchtigen Krimiserie hätte entstammen können. Aber ich wüßte nicht zu sagen, was wir sonst noch tagsüber machten. Mir ist, als wären wir, abgesehen von einigen Stunden, die wir notgedrungen dem Schlaf widmeten, wie Zombis in einer taubstummen Stadt umhergeirrt, deren einziger lebendiger Punkt, deren einziges Refugium jene Szene war: das bleiche Licht der Bühnenscheinwerfer, das ausgeleierte Piano . . . und diese Frau, die manchmal sagte, sie habe zuviel getrunken, um singen zu können, und dann zum Scherz die Worte ihrer Strophen vertauschte, drolligen und herzzerreißenden Ersatz für andere Worte fand, doch ist mir nichts davon im Gedächtnis geblieben. Was ich seltsamerweise nie bedauert habe: New York war eine so schwarze und düstere Stadt geworden – abgesehen von den Klängen ihrer Stimme –, daß wir uns ihr samt unserer Erschöpfung und Trunkenheit ganz hingaben, in einer Nacht, lau und rhythmisch wie das Meer. Einem Meer, in dem jede genaue Erinnerung nur als Strandgut oder Trivialität hätte zum Vorschein kommen können.

In einer ebenso schwarzen Nacht sah ich sie ein, zwei Jahre später in Paris wieder. Ich hatte ihr wohl ein-, zweimal geschrieben, um mich bei ihr zu bedanken und zu hören, wie es ihr ging, aber sie hatte nicht geantwortet; sie hatte nichts für

Briefeschreiben übrig, und so erfuhr ich durch die Presse, daß sie eines Abends im „Mars' Club" in der Impasse Marbeuf singen sollte. Ich hatte Michel Magne aus den Augen verloren, und ich ging in Begleitung meines Mannes hin, um sie singen zu hören. Wir trafen lange vor ihr in diesem kleinen, düsteren Lokal ein, das meilenweit entfernt war von jenem riesengroßen damals in New York, intimer und auch beklemmender, weil an diesem Abend ein – wenn auch bescheidenes – richtiges Publikum anwesend war. Gegen Mitternacht, als ich schon ungeduldig wurde, stieß jemand die Tür auf und kam herein, gefolgt von einer Gruppe recht lautstarker Leute. Es war Billie Holiday, und es war sie auch nicht: sie war abgemagert, sie war gealtert, und an ihren Armen sah man die Einstiche dicht beieinander. Sie hatte nicht mehr jene natürliche Selbstsicherheit, jenes körperliche Gleichgewicht, das sie wie eine Marmorstatue erscheinen ließ inmitten der stürmischen Ereignisse ihres Lebens. Wir fielen uns in die Arme. Sie begann zu lachen, und da war sogleich wieder die erregende, kindliche und romantische Stimmung eines fernen New York um mich, eines allein der Musik und der Nacht vorbehaltenen New York. Ich stellte ihr meinen Mann vor, den ihre zugleich so natürliche und exotische Persönlichkeit etwas verwirrte, und erst in diesem Augenblick wurde ich mir der Millionen Lichtjahre bewußt, die uns trennten, oder vielmehr der Millionen dunkler Jahre, die mich von ihr trennten und die sie auf so wunderbare, so freundliche Weise ausgelöscht hatte während jener jetzt schon lang zurückliegenden Tage in New York. Alles, was bei unserer ersten Begegnung beiseite gelassen worden war, das Problem ihrer Rasse, ihr Mut, ihr erbitterter Kampf gegen das Elend, die Vorurteile, die Anonymität, die Weißen und die Nicht-Weißen, gegen den Alkohol, die schlimmen Feinde, gegen Harlem, gegen New York, gegen den Zorn, den eine Hautfarbe und – da ist der Zorn oft kaum weniger heftig – Talent sowie Erfolg auszulösen vermögen. An all das hatte sie uns, Michel und mich, damals gar nicht denken lassen, und wir hätten vielleicht wirklich von selbst darauf kommen sollen. Wir, die empfindsamen Europäer, waren die unbekümmerten Barbaren der Geschichte gewesen. Und dieser Gedanke trieb mir Tränen in die Augen, die auch der weitere Verlauf des Abends nicht recht trocknen wollte.

Billie Holiday befand sich auch nicht mehr in Begleitung ihres Mannes, sondern wurde von zwei, drei jungen Leuten eskortiert, Schweden oder Amerikanern, ich weiß es nicht mehr, die sich zwar sehr um sie kümmerten, aber, wie mir schien, ihren wirklichen Problemen so fremd gegenüberstanden wie ich. Ebenso hingebungsvolle wie untüchtige Fans, hatten sie für diesen Abend nichts organisiert, und es war nicht einmal das winzigste Mikrofon in Sicht auf dem schwarzen Piano, auf das sie sich schon stützte, während Beifall aufrauschte, den sie nicht zur Kenntnis zu nehmen schien. Es gab ein großes Hin und Her. Man beeilte sich, das alte Mikrofon in Gang zu bringen, das gräßlich krächzte, jemand rannte zur Villa d'Este oder sonstwohin, um ein anderes zu besorgen, alles wurde unruhig, regte sich vergeblich auf, und sie setzte sich schließlich resigniert an unseren Tisch, wo sie zerstreut zu trinken begann, wobei sie mich bisweilen mit ihrer rauhen, verräucherten und sarkastischen Stimme ansprach, ohne sich darum zu kümmern, was um uns herum und ihretwegen geschah. Meine Begleiter sprach sie kaum an, sie fragte nur meinen ersten Mann, ob er mich schlage, was er, wie sie ironisch ausrief, tun sollte – zu meiner größten Empörung. Auf meine Vorhaltungen hin lachte sie, und ganz kurz war dies für mich wie ein Echo ihres Lachens bei Eddie Condon, als wir noch, so schien es mir, so jung und so glücklich waren und so begabt, als das Mikrofon funktionierte oder vielmehr (das wagte ich gar nicht in auch nur gedachte Worte zu fassen) als sie noch kein Mikrofon nötig hatte, wenn sie sang. Schließlich, ob mit oder ohne Mikrofon, ich weiß es nicht mehr, sang sie einige Stücke, begleitet von einem recht unsicheren Quartett, das den unvorhersehbaren Schnörkeln ihrer ebenso unsicher gewordenen Stimme zu folgen versuchte. Meine Bewunderung – oder die Macht meiner Erinnerungen – war derart, daß ich sie trotz der schrecklichen und lächerlichen Unvollkommenheit dieses mageren Vortrags großartig fand. Sie sang mit gesenkten Augen, ließ ab und zu eine Strophe aus, hatte Mühe mit ihrem Atem. Sie hielt sich am Piano fest wie an einer Reling bei stürmischer See. Die anderen Gäste, die zweifellos mit ähnlicher Motivation wie ich gekommen waren, applaudierten begeistert, was sie dazu veranlaßte, ihnen einen zugleich ironischen und mitleidigen Blick zuzuwerfen, genaugenommen einen Blick, mit dem sie sich selbst strafte.

Nach einigen Nummern setzte sie sich kurz zu uns, nur ganz kurz, denn sie reiste gleich am nächsten Morgen weiter, nach London oder sonst irgendwohin in Europa, sie wußte es nicht genau. „Auf jeden Fall, Darling", sagte sie zu mir, „you know, I am going to die very soon in New York, between two cops."* Ich versicherte ihr, das werde

* (engl.) weißt du, ich werde bald in New York sterben, zwischen zwei Bullen.

ganz gewiß nicht der Fall sein. Ich konnte und wollte ihr nicht glauben; meine ganze Jugendzeit, die von ihrer Stimme beschwingt, fasziniert gewesen war, weigerte sich, an Derartiges zu glauben. Deshalb war ich zuerst völlig überrascht, als ich einige Monate später die Zeitung aufschlug und dort las, daß Billie Holiday in der Nacht zuvor gestorben war, allein, in einem Krankenhaus, im Beisein zweier Polizeibeamter.

# Das Spiel

Wir beide lernten uns am 21. Juni kennen. Am Tag des Sommeranfangs geboren, trat ich noch am Abend meines einundzwanzigsten Geburtstags entschlossenen Schrittes zu unserer Begegnung an: im Palm Beach von Cannes, das ich in Begleitung zweier Bürgen betrat, denen es Spaß machte, mein Debüt an den Spieltischen zu beobachten. Das Debüt meiner Karriere erlebten sie in der Tat, doch nicht ihre weitere Entwicklung: ich war ihnen entwischt und eilte ohne sie von Spielkasino zu Spielkasino.

(Wohlgemerkt: Ich habe, was man sich auch darüber erzählt, an besagten Spieltischen keine „Vermögen" verloren, da mir solche nie zur Verfügung standen. Ich habe dort nur die Überreste meines Lebensstils zurückgelassen, eines Lebensstils, den nicht der Luxus bestimmte, sondern der Traum: ein Traum, in dem es für mich keinerlei materielle Sorgen gab und um mich herum keine besorgten oder bekümmerten Gesichter – Liebeskummer ausgenommen. Ich habe, wenn auch nicht für meine Zukunft, so doch stets für meine Gegenwart gesorgt, so daß ich nie ein beim Glücksspiel zu verschwendendes Vermögen besaß. Es fiel mir also nicht schwer, ständig über meine Verhältnisse zu spielen, was ja das Prinzip des Spiels ist. Außerdem geht es mir seltsamerweise so, daß ich beim Spiel eher gewinne, und die Direktoren der Spielkasinos, die ich aufgesucht habe, dürfte ein bitteres Lächeln ankommen, wenn man ihnen von den Millionen spricht, die ich angeblich bei ihnen verspielt habe. Ich lege Wert auf diese Parenthese, damit man mich weder des Masochismus verdächtigt noch in mir beim Spiel einen schlechten Gefährten erblickt. So wie meine Freunde wahre Freunde waren, war mir der Zufall immer ein guter Gefährte, wankelmütig freilich, aber in beiden Richtungen.)

Jene erste Begegnung also spielte sich in prächtigem Rahmen ab. Ende Juni fanden sich damals in Cannes die Großkunden des Palm Beach ein. Da waren Darryl Zanuck, die Cognac-Hennessys, glaube ich, Jack Warner und andere Potentaten, allesamt große Spieler vor dem Herrn. Klugerweise hielt man mich vor diesem Tisch zurück, und ich wohnte, mehr beklommen als beeindruckt, dem Spiel der Titanen aus der Distanz bei. Ich lernte die Regeln des Chemin de fer, und ich lernte, daß man mit zwei Karten, wenn ihr Gesamtwert nur eine 8 oder 9 ausmachte, auf einen Schlag 50 Millionen Alte Francs gewinnen konnte – und sie wieder einsetzen konnte, um 100 zu gewinnen oder um alles zu verlieren, alles nur mit zwei Karten. Mehr als die Höhe der Geldsummen faszinierte mich die Schnelligkeit, mit der sie die Felder wechselten. Ich stellte mir vor, daß ich so um mein Schicksal spielte, einfach so, mit zwei Einsätzen. Ich wußte noch nicht, daß sich im Spielkasino wie anderswo das Vermögen in Schecks ausdrückt, daß diese Schecks von dem Kasino mehr oder weniger gern akzeptiert werden und daß die oft krasse Vorsicht der Direktoren von Spielsalons für die Tollheit der Spieler eine manchmal hilfreiche, manchmal fatale Bremse bedeutet. Ich ließ mich schließlich mit meinen Schutzengeln oder vielmehr Teufelsentfeßlern an einem kleinen Roulettetisch nieder, wo ich zu meinem Erstaunen feststellte, daß meine Glückszahlen die 3, die 8 und die 11 waren – eine Lebenstatsache, von der ich noch nichts gewußt hatte und die sich als definitiv erwies. Ich machte die Erfahrung, daß ich lieber Noir als Rouge, lieber Impair als Pair, lieber Manque als Passe spielte, und traf noch andere instinktive Entscheidungen, die Psychoanalytiker gewiß interessieren würden. Ich verlor ein wenig, dann hatte ich ein Plein, was mir ganz natürlich vorkam, bei meinen Begleitern aber Verwunderung auslöste. „Na so was! Nach fünf Minuten schon ein Plein!" Ich verlor meinen Gewinn gleich wieder an einem Chemin-de-fer-Tisch, und da ich mit diesen Karten Schwierigkeiten hatte, gab man mir einen charmanten Croupier bei, der statt meiner über die Spielführung entschied. Ich stellte auf diese Art fest, daß ich bei Chancengleichheit nicht mit 5 herauskam. (Jeder Spieler, der diese Zeilen liest, hat jetzt ein volles „Profil" meiner Spielweise.) Was mich selbst betraf, so wurde ich mir auch bewußt, daß es hier wie nirgendwo sonst darauf ankam, seine Gefühle zu verbergen. Nachdem ich im Verlauf eines einzigen Abends beobachtet hatte, wie sich auf den Gesichtern – mit der Intensität, der Übertreibung, die gewisse schlechte Schauspieler an den Tag legen – Mißtrauen, Leichtgläubigkeit, Enttäuschung, Zorn, Begeisterung, Verbissenheit, Verzweiflung, Erleichterung, Frohlocken und sogar, noch schlechter gespielt, Gleichmut abzeichneten, nahm ich mir vor, dem Schicksal, was es mir auch bescherte, stets ein lächelndes, sprich: freundliches Gesicht zu präsentieren. Gleich meinen Glückszahlen hat sich auch diese Einstellung nicht im geringsten geändert. Mehr als phlegmatische Engländer haben mich sogar zu meinem Gleichmut beglückwünscht, und ich gestehe, daß ich darauf stolzer bin als auf die übrigen Tugenden, die ich im Laufe meines Lebens unter Beweis gestellt zu haben glaube.

Ich versuche hier nicht, den Reiz des Spiels zu erklären; man empfindet ihn, oder man empfindet ihn nicht. Man wird zum Spieler geboren, so wie man rothaarig, intelligent oder als Griesgram auf die Welt kommt. Möge der Nicht-Spieler die wenigen folgenden Seiten und Anekdoten überspringen, die nur meinesgleichen erfreuen oder in Zittern versetzen können. Es stimmt – beim Spiel vergißt man alles andere. Es stimmt – man kann den Menschen, den man am meisten liebt, zwei Stunden warten lassen, wenn man mitten in einem vielversprechenden Spiel ist. Es stimmt – man kann alle seine Schulden, Zwänge und Verpflichtungen vergessen, wenn man das Weiterreichen eines Kartenschlittens verfolgt, auch wenn man eine Stunde später feststellt, daß sich die Probleme vervielfacht haben. Doch dies eben erst nach einer Stunde herrlichen Herzklopfens, da man die Zeit, die Last des Geldes und die Hemmnisse der Gesellschaft vergißt. Es stimmt – während man spielt, wird das Geld wieder das, was es eigentlich stets sein sollte: ein Spielzeug, Jetons, etwas Austauschbares und seiner Natur nach Bedeutungsloses. Es stimmt auch, daß die wahren Spieler selten böse, selten geizig, selten aggressiv sind; im allgemeinen sind sie so tolerant wie alle die, die sich nicht davor fürchten, das zu verlieren, was sie haben – wie alle die, die jeden materiellen oder moralischen Besitz als vorübergehend, jeden Rückschlag als eine unliebsame Zufälligkeit und jeden Sieg als ein Geschenk des Himmels betrachten.

Mehr noch als die Spielkasinos, in denen alles so schnell vonstatten geht, daß es bisweilen zu einer schwer zu ertragenden Raserei kommt, liefern die Rennplätze den Beweis für das gerade Gesagte. Sieht man von den Grand-Prix-Tagen in Longchamp ab, begegnet man auf den Bahnen des Pferdetotos im allgemeinen kaum jenen Vorurteilen, welche das Leben der sogenannten demokratischen Völker vergiften. Es gibt keine sozialen Unterschiede, es gibt nicht Reiche und Arme, es gibt nur Gewinner und Verlierer, und die Höhe des Gewinns oder Verlustes spielt überhaupt keine Rolle. Ich habe mitangesehen, wie ganz einfache Leute Guy de Rothschild trösteten, als sein Pferd es nicht geschafft hatte, und das war ganz offensichtlich schlicht und ehrlich gemeint. Ich habe beobachtet, wie reiche Pariserinnen Kellner anflehten, ihnen einen Tip zu geben, und wie notorische Taugenichtse zum Gegenstand allgemeiner Bewunderung aufrückten, als sie triumphierend einen Gewinnschein über zehn Francs in die Höhe hielten. Gewiß, Spieler gehen einem Laster nach, können fanatisch werden und sich auf fatale Weise hinreißen lassen, aber man sollte sich vor allem vor Augen halten, daß sie Kinder sind. Und wenn es auch vorkommen kann, daß sie das letzte Haushaltsgeld auf einen unbekannten Außenseiter setzen und alles verlieren, so geht es für sie dabei eher um ihren Ruf: in Auteuil oder Vincennes einen ganzen Nachmittag lang Gewinner zu sein, sieben Rennen hintereinander von der Intuition getragen zu sein, das verschafft ein Startum, eine Glorie, der nur wenige Männer – und auch Frauen, was das betrifft – so ohne weiteres widerstehen können. Wenn man dagegen eine Woche lang Pech hat, dann wird man zu einem Paria, zu einem Fluchbeladenen, der so unglücklich ist wie jene Gläubigen des Mittelalters, die sich vorstellten, die Gnade und Liebe Gottes verloren zu haben.

Aber kommen wir zum Spiel zurück, zum wahren Spiel, das heißt zu dem, das einen weiter mitreißt, als man glaubt, und das sich natürlich bei den Rennen weniger gefährlich darbietet als im Kasino. Die Schalter des Pferdetotos geben keinen Kredit, nehmen keine Schecks an, und viele Unglücksraben ziehen sich nach dem dritten oder vierten Rennen ebenso bedrückt wie zwangsläufig zurück. Im Spielkasino dagegen wird die Sache gefährlicher, wenn man nur über einen gewissen Kredit verfügt. Mit einundzwanzig Jahren galt ich als Milliardärin, und mancher Kasinodirektor gab sich dieser köstlichen Überzeugung hin. Drei Monate nach meinem Spielerdebüt saß ich im Kasino von Monte Carlo bei einer epischen Partie an einem Tisch mit Faruk persönlich. Ich kam mit den Karten noch immer nicht ganz zurecht, und dabei kam es zu folgenden zwei Zwischenfällen: ich hatte eine 1 in der Hand, glaubte aber, es sei eine 7, und zog keine Karte mehr, und Faruk, mit einer 4, zog eine 6, wodurch ich natürlich gewann, aber als ich mein Spiel aufdeckte, ging eine Welle der Verwunderung und der Empörung um den Tisch. Da es schließlich mein gutes Recht war, zu verlieren, überließ man mir den Schlitten, und davon profitierte ich diesmal in meiner Panik, indem ich nach einer 7 eine Dame zog, womit ich gegen die 6 von Faruk Sieger blieb. Letzterer geriet an den Rand eines Schlaganfalls, Damen ließen ihre Diamanten fallen, und man beschloß, mir einen beratenden Croupier beizugeben. Gewiß, ich gewann an diesem Abend, aber ich kann mich nicht erinnern, mich beim Gewinnen je so geschämt zu haben.

Die Saison ging ohne weitere Zwischenfälle zu Ende, da Saint-Tropez Gott sei Dank über kein Kasino verfügte; und da dieses selbe Saint-Tropez im Sommer von ganzen Scharen überfallen und unerträglich wurde, wich ich auf die stilleren Küsten der Normandie aus. Ich mietete oberhalb von Honfleur ein großes verstaubtes und vernachlässigtes Haus und richtete mich darauf ein, den Monat Juli am Badestrand zu verbringen, als ich mir zweier leider nebeneinanderher laufender Umstände bewußt wurde: das Meer war immer scheußlich, aber das Spielkasino von Deauville war immer geöffnet. Auf meine sonnigen Tage folgten durchwachte Nächte. Bernard Frank, Jacques Chazot und ich sahen nur mehr das Morgengrauen und die Nacht, mit manchmal etwas Gras dazwischen. Das Vogelgezwitscher wurde vom Klicken der Jetons überlagert und das Wiesengrün durch das Grün der Spieltische ersetzt. Am 7. August, am Vorabend des Tages, an dem ich das Haus zurückgeben und eine Bestandsaufnahme des Inventars vornehmen mußte, die sich als recht kompliziert erwies, begaben wir uns – wie wir glaubten – zum letzten Mal in das große weiße Kasino. Nachdem ich beim Chemin de fer bald alles verloren hatte, stürzte ich mich auf das Roulette, und dank der 8, die sogleich und lange Zeit herauskam, befand ich mich bei Morgengrauen im Besitz von – es war 1960 – 80000 Neuen Francs. Wir fuhren ausgelassen zu mir zurück und trafen vor der Tür auf den Hausbesitzer persönlich, der mich in strengem Ton darauf hinwies, daß es 8 Uhr sei, die Stunde, die für unsere Abreise ausgemacht war. Wir wollten gerade mit der düsteren Prozedur der Bestandsüberprüfung beginnen, als er mich wie nebenbei fragte, ob ich das Haus nicht kaufen wolle. Ich wollte schon erwidern, daß ich nie etwas kaufte, da ich die geborene Mieterin sei, als er hinzufügte: „In Anbetracht seines Zustands würde ich es billig abgeben – 80000 Francs.“ Wir hatten jetzt den 8. August, ich hatte mit der 8 gewonnen, er verkaufte das Haus zu 8 Millionen Alten Francs, es war 8 Uhr morgens – was hätte ich gegen diese Kombination tun sollen? Ich zog Geldscheine aus meiner Handtasche, die davon überquoll, und reichte sie ihm hin, ehe ich mich hochgestimmt in dem Haus schlafen legte, das mein einziger Besitz auf Erden sein sollte – und es bis jetzt auch geblieben ist –, einem noch immer etwas vernachlässigten Haus, drei Kilometer von Honfleur (und zwölf von Deauville) gelegen.

Man komme mir jetzt nicht mit dem Fluch des Spiels oder dem bösen Schicksal, das dem Spieler droht. Ich erwähne nicht die zahllosen Ausbesserungsarbeiten und Aufregungen, die dieses Landhaus mir bescherte und die jedem Hausbesitzer vertraut sind; ich erwähne vielmehr die fünfundzwanzig köstlichen Jahre, Regen und Sonne gemischt, den Anblick der Rhododendren, die glücklichen Ferienwochen, die ich dort verbrachte. Zwanzigmal mit Hypotheken belastet, zweimal fast verkauft, Ort der Arbeit für meine arbeitsamen Freunde, Refugium für meine verliebten Freunde, ist dieses Haus heute 8 Milliarden Erinnerungen wert.

Und natürlich war es zahllose Male Zeuge, wenn man am frühen Morgen heimkam, in Hochstimmung oder in kläglicher Verfassung, aber stets in der Erregung und Unbekümmertheit, die der Ausübung des Spiels eigen sind. Tausende von Anekdoten gehen mir durch den Kopf, wenn ich mich nur an die Frühstücke bei Kaffee oder Champagner erinnere, an die Türen, die man behutsam und leise wieder schloß, wenn alles schiefgegangen war, oder triumphierend aufriß, um einen unglücklichen Schläfer mit dem Ruf zu wecken: „Es wird gefeiert!“ Da gab es den Tag, als jemand mit 200 Francs anfing und mit 60000 aufhörte; da gab es den Tag, als meine undeutliche Aussprache daran schuld war, daß ein überlasteter Croupier meine letzten 100 Francs auf die 30 anstatt auf Manque setzte und dann die 30 herauskam, und, und, und. Es gab den Tag, an dem ein Er alles gewann, was eine Sie verloren hatte, und noch das Doppelte dazu, und es gab den Tag, als sich ein Er den Wagen kaufen konnte, von dem eine Sie träumte, und es gab den Tag, als man zusammenlegen mußte, um das Benzin für die Rückfahrt nach Paris zu bezahlen, ganz abgesehen von den unzähligen Malen, da man sich beim Portier das Geld für das Taxi nach Hause leihen mußte. Seltsamerweise sind es immer die frohen Erinnerungen, die am besten im Gedächtnis haftenbleiben; man erinnert sich nur der guten Zeiten, so wie man sich auch übrigens nur der sympathischen Spieler erinnert. Die Zahl ebenso anonymer wie verständnisvoller Freunde, die man im Laufe von fünfundzwanzig Jahren gewinnen kann, übersteigt die Vorstellungskraft. Man begegnet demselben Gesicht allabendlich, allnächtlich, drei Monate lang, dann vielleicht im nächsten Jahr, dann vielleicht in drei Jahren wieder. Man spricht nicht miteinander, man wünscht sich nur einen guten Tag, man lächelt sich beglückwünschend oder bedauernd zu, je nach dem Spielschicksal, das den anderen getroffen hat, man teilt sein Glück und sein Unglück, man ist vereint durch Bande, die fester sind als solche, wie sie die vertraulichsten Herzensergüsse zu schmieden vermögen. Es gibt auf diese Weise Freunde, die man nicht verliert (wie es andere gibt, von deren Tod man per Zufall erfährt, durch einen livrierten Kasinodiener, und das ruft einen absurden Kummer hervor, der tiefer reicht, als man es sich vorgestellt hatte). Es gibt auch die Spieler, die zu schnell spielen, die Anfang August in chromblitzenden Wagen angerauscht kommen, jeden Tag etwas bekümmerter in der „Bar du Soleil" sitzen und schließlich nach zwei Wochen überstürzt die Flucht ergreifen. „Adieu, veaux, vaches, cochons, couvées ..."* Adieu, Morgengrauen unter der Kuppel, adieu, weißes Meer und leerer Strand, adieu, Galopp der ersten Pferde in einem Licht, das man flieht, die Augen brennend vom Zigarettenrauch.

Nach einer ganzen Reihe herber Spielverluste beschloß ich eines schönen Abends, eines dostojewskischen Abends, eines tragischen Abends, mir fünf Jahre Abstinenz aufzuerlegen. Ich sage gleich, es sollten fünf alpdruckhafte Jahre werden. Allen Trompeten sämtlicher Schallplatten gelang es nicht, das leise Jetongeräusch in unseren Köpfen zu übertönen, und wenn ich – zum Tanzen gingen wir am Eingang zum Kasino vorbei – die tiefe Stimme des Croupiers „Rien ne va plus, la main passe" rufen hörte, so hallte diese Stimme wider wie die eines Moses, eines wohltätigen, aber gestrengen Gottes, der uns gleichsam aus der Herde seiner Schäfchen verbannte. Ich sage „wir" und „uns", weil meine treuen und ergebenen Freunde mein Unglück, mein Zölibat teilten und sich nur ganz unauffällig einer nach dem anderen davonstahlen, um die grünen Weiden der verbotenen Freuden aufzusuchen. Es müßte verboten sein, daß man sich irgend etwas versagt, zumindest war

* (franz.) Adieu, Kälber, Kühe, Schweine, Küken.

das der Gedanke, der mich quälte, leider zu spät! Da ich Monte Carlo verabscheute, wo ich nur selten spielte, blieb mir nur London, wo ich nichts zu schaffen hatte.

Ich hatte also nichts in London zu schaffen, doch wie mir mein damaliger literarischer Agent mitteilte, befand sich dort ein finsterer Geselle – dessen Namen und Funktion ich vergessen habe –, der auf meine Kosten Geldgeschäfte machte. Er schuldete mir ganze 25000 Francs, glaube ich, die er mir nicht schicken wollte. Ich beschloß, zur Eintreibung besagten Betrags aufzubrechen, einerseits, weil es um meine Finanzen gerade nicht sehr rosig bestellt war, und andererseits, weil ich London kaum kannte – ich kenne es übrigens auch heute noch nicht viel besser – und mich eines lieben Bekannten dort erinnerte, den ich seit langem nicht mehr gesehen hatte. Das war vor zehn Jahren, und nach Abzug der Fahrt- und Hotelkosten würde mir immer noch eine hübsche Summe übrigbleiben. Wir reisten also ab, quartierten uns in einem Hotel à la Agatha Christie ein, und noch am gleichen Abend ging ich, begleitet von meinem Agenten, mit besagtem Freund essen. Wir speisten im „Annabel", das damals als elegant galt, und beim Nachtisch bemerkte mein englischer Gefährte, daß sich im ersten Stock, genau über uns, der „Clermont Club" befinde. Ich wußte durch einige zugleich entsetzte und begeisterte Freunde schon von diesem Club, der typisch englisch sein mußte und in dem offenbar mit der ganzen britischen Kühle sehr heiß gespielt wurde. Wir gingen also hinauf, mein Freund stellte mich vor und ließ mich dann, da er mich ein wenig kannte, für eine Stunde am Chemin-de-fer-Tisch zurück. Er ging wieder hinunter, um zusammen mit meinem

Agenten, der bereits ein wenig besorgt war, auf mein Wohl zu trinken, und ich blickte mich um. Es war ein großer getäfelter Raum mit viel Leder, Holz und einigen unnachahmlichen Vertretern der englischen Gesellschaft: Pferdebesitzer, die zwischen zwei Bancos von nichts anderem als Rennen sprachen, zwei extravagante alte Damen mit Blumenhüten und üppigem Schmuck, ein degenerierter junger Erbe eines der berühmtesten englischen Namen und mir gegenüber ein Bekannter aus Paris, der auch entsetzt die Augen rollte, als er sah, wie ich mich an diesem großen Tisch niederließ. Man spielte um Guineen, und ich hatte keine Ahnung, wieviel eine Guinee wert war. Jemand murmelte mir eine verwickelte Erklärung ins Ohr, der Clubleiter ließ mir ein Häufchen Jetons bringen im Austausch gegen ein Stück Papier, das ich frohen Muts unterschrieb, und das Spiel begann.

Es war sehr angenehm, das muß ich sagen. Die Engländer sind, wie man weiß, die besten Spieler der Welt, und das Spiel scheint sie wirklich zu erheitern. Man sprach also zu meiner Linken von Pferden, zu meiner Rechten von Regatten, mir gegenüber von Reisen, und meine kleinen Jetonstapel verschwanden einer nach dem anderen in der allgemeinen Gleichgültigkeit, eingeschlossen der meinen. Kaum war ein Häufchen verschwunden, da stellte ein prächtig livrierter Diener ein neues auf einem silbernen Tablett vor mich hin, ich schrieb meinen Namen auf sein kleines Stück Papier etc. Aus dieser glücklichen Lethargie wurde ich herausgerissen durch das Gesicht meines Agenten, der nach einer Stunde plötzlich hinter mir auftauchte, und dieses Gesicht war von grünlicher Blässe. Auch er murmelte etwas Unverständliches – immerhin machte ich die Worte „erledigt“

und „Katastrophe“ aus. Da bemerkte ich, daß mein Pariser Bekannter gegenüber ganz rot geworden war und die Augen nicht mehr rollte, wie noch zu Anfang des Spiels, sondern sie fest auf mich gerichtet hielt mit dem komischen Ausdruck einer verwundeten Wölfin, wie ich mir im stillen sagte. Dennoch ein wenig beunruhigt, bat ich unauffällig den flinken Diener, mir die Gesamtsumme meiner Spielschuld auf ein Blatt Papier zu schreiben. Er besprach sich mit einem großen, stattlichen und sehr sympathischen Herrn, der schon seit Beginn des Spiels um den Tisch schritt und kein anderer als der Besitzer des „Clermont Club“ war. Er bemüßigte sich einer kurzen Addition und schrieb dann eine Zahl auf das Papier, das der getreue Bote mir zusammengefaltet mit der gleichen Flinkfüßigkeit wie zuvor überbrachte. Ich faltete das Blatt auseinander – und bedurfte aller Kraft meiner Prinzipien, aller Seelenstärke, aller guten Erziehung, die meine Eltern mir mitzugeben versucht hatten, und aller schlechten, die ich mir selbst erworben hatte, um nicht rückwärts vom Stuhl zu fallen: ich stand mit 80000 Pfund in der Kreide und hatte nicht einmal den vierten Teil davon auf der Bank liegen. „Sie sind dran“, sagte mein liebenswürdiger Nachbar und schob mir den Schlitten hin, und ich schob mit einer Hand, der ich alle mir zur Verfügung stehende Festigkeit einzugeben glaubte, die Hälfte der mir noch verbliebenen Jetons auf die Spielfläche, wo sie gleich darauf gegen eine 9 verschwanden. Ich gab den Schlitten weiter und versuchte nachzudenken. Zur Begleichung dieser Spielschuld hätte ich a) meine derzeitige Wohnung aufgeben, b) meinen Sohn der Obhut meiner Mutter anvertrauen, c) daneben ein Zimmer für mich finden und d) zwei Jahre lang nur für den Fiskus und den „Clermont Club“ arbeiten müssen – von Ansprüchen Dritter ganz abgesehen. Holen wir noch einmal, der Situation entsprechend, Lafontaine hervor: Adieu, Ferien, Auto, Ausflüge, schöne Kleider und Sorglosigkeit! Ja, die Situation war katastrophal! So katastrophal, daß es mir in diesem Augenblick gleich war, ob ich nun zwei oder vier Jahre meines Lebens verlor. Ich hob die Hand, und der eilfertige Diener stand sofort an meiner Seite mit seinem verfluchten Häufchen Jetons auf seinem verfluchten Tablett. Ich unterschrieb sogleich eines seiner verfluchten Stückchen Papier und meldete mich mit tönender Stimme zum nächsten Bankhalter an. Ich gewann die Partie. Ich „machte" danach alle Bancos, die mir zuteil wurden. Ich spielte mit hohem Einsatz und, o Wunder, es zahlte sich aus. Ich sah, wie mein kleines Häufchen Jetons immer größer wurde – es wurde größer in zugleich unerträglich langsamem und schwindelerregend schnellem Tempo. Hin und wieder bat ich den Diener, mich von diesen hinderlichen Stapeln zu befreien, worauf er mir jedesmal eines meiner unterschriebenen Papierchen zerrissen zurückgab. Nach einer Stunde solch höllischen Spiels fragte ich den Diener und Boten in Seidenstrümpfen, wie denn mein Konto stehe. Er begab sich zum Besitzer des Clubs, der – wie mir aus den Augenwinkeln heraus schien – diesmal eine viel schnellere Addition bewerkstelligte, die mir mittels eines kleinen Zettels zugestellt wurde, den ich ostentativ lässig langsam aufklappte. Ich schuldete dem Club nur noch 50 Pfund. Hinzufügen möchte ich, daß ich mich während der ganzen Zeit mit meinem Nachbarn zur Linken über die Aufregungen des Derbys von Epsom und mit meiner Nachbarin zur Rechten über die Annehmlichkeiten Floridas unterhalten mußte.

Ich stand auf und merkte auf einmal, daß ich sehr müde war. Ich verabschiedete mich mit einem freundlichen Gruß von meiner Tischrunde – man grüßte zurück – und begab mich zur Kasse, um meine 50 Pfund zu bezahlen. Der Clubbesitzer begleitete mich bis zur Treppe, die zum Lokal „Annabel" hinunterführte, jener Treppe, die ich zwei Stunden zuvor ganz fröhlich hinaufgestiegen war und die ich eine Stunde später beinahe ganz kleinlaut hinuntergestiegen wäre. „Es war mir eine Freude, Sie an meinem Tisch gehabt zu haben", sagte dieser höchst liebenswerte Mensch, „um so mehr, als es den Franzosen im allgemeinen beim Spiel an Kaltblütigkeit mangelt." – „Oh", sagte ich mit einer Stimme, die mir selbst recht schütter erschien, „wie kommen Sie darauf? Das Spiel ist doch zum Amüsement gedacht, oder?" Und ich stieg die Stufen hinunter, ein wenig auf meinen spitzen Absätzen schwankend. Mein englischer Bekannter zeigte sich sehr belustigt, als ich ihm von meinem Abenteuer berichtete, aber mein Agent war total betrunken, und wir hatten große Mühe, ihn ins Hotel zurückzuschaffen. Als ich eine Woche später in Paris zu einem „fashionablen" Abendessen ausging, mußte ich erfahren, daß dank dem Pariser Bekannten meine Londoner Erlebnisse bereits die Runde gemacht hatten, denn man bezeigte mir die Achtung und jene Spur von abergläubischer Furcht, die gewöhnlich den Überlebenden einer Flugzeugkatastrophe vorbehalten sind.

Diese Anekdote ist also nur insofern von Interesse, als sie wieder einmal zeigt, welche Gefahren einem Verbot innewohnen – auch wenn man es sich selbst auferlegt hat. Deshalb schrieb ich eine Woche vor Ablauf meiner Enthaltungszeit an das Pariser Polizeipräsidium einen Brief, in dem ich einem gewiß völlig uninteressierten Beamten mitteilte, daß ich meine vormaligen Dummheiten wieder aufzunehmen gedachte. Deauville erwies sich letztlich als weniger gefährlich denn London und der Franc als weniger trügerisch denn die Guinee. (Ich hatte da immerhin einige Erfahrungen gemacht.) Deshalb begegnet man, glaube ich, so vielen Spielern, die sehr fröhlich ein Spielkasino verlassen, obwohl sie nichts gewonnen haben. „Ich habe 200 Francs verloren!“ rufen sie begeistert aus zur großen Verblüffung der Nicht-Spieler. Das heißt einfach, daß sie zuvor einmal viel mehr verloren hatten. Dies erklärt auch, weshalb man immer vom Masochismus der Spieler spricht. Die Spieler verlieren nicht gern, die wahren Spieler, meine ich. Sie beglückwünschen sich nur manchmal dazu, daß sie am Schluß des Spiels nicht so viel verloren haben wie während des Spiels. Sie beglückwünschen sich dazu, sind stolz darauf, und das nicht ohne Grund, denn darüber muß man sich klar sein: das Spiel erfordert nicht nur Unbesonnenheit und Sorglosigkeit, sondern auch Kaltblütigkeit, Willenskraft und so etwas wie Mut. Wenn man einen ganzen Nachmittag, eine ganze Woche lang ununterbrochen verloren hat, wenn man sich von allen Göttern und sich selbst verlassen glaubt und das Spiel sich dann plötzlich günstig entwikkelt, dann bedarf es einer großen Anstrengung, daß man auch daran glaubt und sein Glück beim Schopf packt, um davon zu profitieren. Mir ist es erst vor kurzem passiert, daß ich zehn Tage lang so ganz allmählich verlor in einem Spielkasino an der Kanalküste, in das mich Tag für Tag die Hoffnung lockte, meiner Schulden auf einen Schlag ledig zu werden. Am zwölften Tag winkte mir plötzlich das Glück, an zwei Tischen. Ich stürzte mich sozusagen ins Wasser und spielte ununterbrochen auf

Zahl, Farbe und Manque. Ich brauchte – wieder einmal – eine Stunde, bis ich mich aus dem Sumpf herausgeholt hatte (und im übrigen kamen meine Zahlen nur eine Stunde lang heraus). Ich verließ das Kasino unter den halb entgeisterten, halb bewundernden Blicken der Croupiers – ich hatte nur 300 Francs verloren und war restlos glücklich und stolz. Ich gebe das hier offen zu: weder bei der bisweilen triumphalen Premiere eines meiner Theaterstücke noch beim Lesen bisweilen überschwenglich lobender Besprechungen eines meiner Bücher habe ich ein solches Gefühl des Stolzes empfunden. Die Rückfahrt an jenem Abend auf der Straße, die am Meer entlang von Deauville nach Honfleur führt, in einem alten Wagen mit trotz der Kälte zurückgeklapptem Verdeck wurde zu einer der köstlichsten Stunden meines Lebens. Ich hatte eine Woche im Fegefeuer verbracht, es wäre beinahe schiefgegangen, ich hatte mich herausgeangelt, zu meiner Linken war das Meer grau, und zu meiner Rechten war das Gras dunkelgrün, und die ganze Erde gehörte mir. Nach zehn anstrengenden, Nerven kostenden Tagen war es mir gelungen, nur 300 Francs zu verlieren! Welches Glück! Ich weiß, diese Schlußfolgerung mag lächerlich klingen, aber ich sagte ja schon, dieser Bericht über das Spiel ist eigentlich nur für Spieler bestimmt.

# Tennessee Williams

Im Jahre 1953 schrieb ich den Roman *Bonjour Tristesse*, der 1954 in Frankreich erschien und einen Skandal auslöste. Einen Skandal, den ich zunächst nicht begreifen konnte und für den ich heute nur zwei absurde Begründungen weiß. Man hatte etwas dagegen, daß ein Mädchen von siebzehn, achtzehn Jahren, ohne verliebt zu sein, mit einem Jungen gleichen Alters schlief – und dies ungestraft. Wobei das Inakzeptable der Umstand war, daß sie sich eben nicht unsterblich in ihn verliebte und nicht zu Ende des Sommers schwanger war. Kurz, daß ein Mädchen dieser Zeit einfach über seinen Körper verfügte und an ihm Vergnügen fand, ohne daß darauf eine bis dahin als unerläßlich betrachtete Sanktion erfolgte. Inakzeptabel war weiterhin, daß dieses Mädchen über die Liebschaften seines Vaters auf dem laufenden war, mit ihm darüber sprach und mit ihm dadurch eine Gesprächspartnerschaft im Bereich von Themen entwickelte, wie sie bis dahin zwischen Eltern und Kindern als tabu galten. Im übrigen, meine Güte, war da nichts besonders Verwerfliches zu lesen, zumindest wenn ich von unserer heutigen Zeit ausgehe, dreißig Jahre danach, in der es infolge einer absurden und fast grausamen Umkehrung der Dinge fast unanständig oder lächerlich geworden ist, *nicht* den Liebesakt zu vollziehen, wenn man alt genug dazu ist, und in der Eltern und Kinder für immer *getrennt* sind durch eine Komplizenschaft, die beide Teile als unbedingt verkehrt empfinden, sich aber dennoch vorspielen. (Die Eltern werfen den Kindern vor, jung zu sein, die Kinder werfen den Eltern vor, es nicht mehr zu sein und so zu tun, als wären sie es noch.)

Gewiß, man kann nicht sagen, dies sei eine gesegnete Epoche gewesen, als nur die Eltern das Recht hatten, über die Handlungsweise ihrer Kinder zu urteilen, als wären sie bloße Gegenstände, und die Kinder ihrerseits keine Vorstellung vom Intimleben ihrer Eltern besaßen. Heutzutage würde *Bonjour Tristesse*, glaube ich, als schöner Traum erscheinen, als der Traum davon, was die familiären Beziehungen und die sexuellen Beziehungen der jungen Menschen und der älteren Generation sein könnten. Auf jeden Fall wäre das Buch kein Skandal mehr. Es war aber einer in Frankreich, und es war auch ein fast ebenso großer in Amerika.

Ich war neunzehn Jahre alt, ich tat, was man mich hieß, und man hieß mich nach Amerika gehen, um mich dort als jenes „charmant petit monstre" zu präsentieren, von dem François Mauriac gesprochen hatte und das inzwischen zu einer Art von Mythos geworden war, bewundert oder verachtet, abgelehnt oder akzeptiert; kurz, man steckte mich in eine jener großen Maschinen von damals, die, glaube ich, für die Überquerung des Atlantiks zwölf Stunden brauchten. Man hatte mir gesagt, ich müsse Amerika davon überzeugen, daß die Autorin von *Bonjour Tristesse* weder eine grauhaarige alte Dame noch ein heldenhafter und hinterlistiger Mitarbeiter des Verlags Julliard sei. Ich fügte mich. Ich gehorchte noch gern dem, was, wie man mir sagte, unerläßlich war; ich glaubte noch an dieses „Unerläßliche“, und im übrigen lag ich da gar nicht falsch: Publizität ist für den Verkauf eines Buches unerläßlich. Nur gibt es mehrere „Unerläßlichkeiten“ im Leben – und das wußte ich noch nicht.

Ich hielt einen Einzug in den USA im Stil von *La Dolce Vita*, Dutzende von Fotografen erwarteten mich am Kennedy Airport, der damals noch Idlewild hieß. Ich war kaum zwanzig Jahre alt, ich sah mich einer Menschenmenge gegenüber – ich sollte mich einen Monat lang Menschenmengen gegenübersehen. Meine Tage waren so genau eingeteilt wie die eines fügsamen Sträflings, und da mein Englisch meiner schlechten Abiturnote entsprach, verlief jede Unterhaltung, vorsichtig ausgedrückt, angenehm und nichtssagend. Erst nach vierzehn Tagen wurde man darauf aufmerksam, daß ich meine Bücher mit „with all my sympathies“ signierte, was auf englisch soviel wie „mit herzlichem Beileid“ heißt, und nicht mit den Worten „toute la sympathie“ – mit besten Wünschen –, die ich normalerweise französischen Lesern hineinschrieb.

Man stellte mir zigmal die gleichen Fragen – es ging um Liebe, Mädchen, Sexualität, damals einerseits neue, aber auch schon ermüdende Themen. Mir wurden auch Cocktailpartys, Mittagessen, Abendessen und sogar Bälle zuteil. Und eines schönen Tages, als ich einfach nicht mehr konnte, wurde mir noch etwas anderes zuteil, nämlich ein Telegramm von Tennessee Williams, dem Schriftsteller, Dichter und Dramatiker, von dem ich während meiner nicht abreißenden Interviews immer wieder gesagt hatte, ich betrachtete ihn als einen der wichtigsten amerikanischen Autoren. Ein Telegramm, das mich einlud, ihn in Key West, Florida, zu besuchen.

Sogleich, auf ein Mittagessen im Konsulat, auf Fernsehaufnahmen, auf ein Interview mit dem Chefredakteur von *Fishing Review* oder was weiß ich verzichtend, entwischte ich aus dem Hotel, eilte zum Flugplatz und flog nach Miami. In Miami nahmen wir uns einen Mietwagen, meine Schwester, ein Freund und ich. Und wir dachten an *Key Largo* und andere Kriminalfilme, während wir durch dieses Florida fuhren, durch seine Sümpfe, dank jener von Insel zu Insel reichenden Brücken, und gelangten schließlich in das kleine Key West, eine Garnisonstadt, wo im Hotel „Key Wester", das, ein wenig gräulich, nicht gerade beeindrukkend wirkte, drei Zimmer auf uns warteten. Wir richteten uns darin ein wenig ratlos ein, erlagen aber bereits dem Reiz der schrecklichen tropischen Sonne.

Um halb sieben hieß es: Tennessee Williams kommt. Es kam ein Mann von untersetzter Gestalt, blondhaarig, blaue Augen, leicht belustigt blikkend, der Mann, der seit Whitmans Tod für mich der größte Dichter Amerikas war und noch heute ist. Ihm folgte ein braunhäutiger Mann mit heiterer Miene, der vielleicht bezauberndste Mann von Amerika und Europa zusammengenommen; er hieß Franco, war uns unbekannt und blieb es. Ihnen folgte eine große, hagere Frau mit blauen Augen wie Wasserpfützen, verstört blickend, die eine Hand mit Holzplättchen geschient, jene Frau, die für meine Begriffe damals die beste, jedenfalls die empfindsamste Schriftstellerin Amerikas war: Carson McCullers. Zwei Genies, zwei Einzelgänger, die Franco an den Armen gefaßt hielt und denen er es ermöglichte, gemeinsam zu lachen, gemeinsam dieses Leben von Ausgestoßenen, von Parias, von Emblemen und Abschaumgestalten zu ertragen, das damals das Leben jedes Künstlers, jeder Randperson in Amerika war.

Tennessee Williams schlief lieber mit Männern als mit Frauen. Carson McCullers' Gatte hatte kurz zuvor Selbstmord begangen und sie als halbseitig Gelähmte zurückgelassen. Franco liebte die Männer und die Frauen, aber er zog Tennessee vor. Er liebte auch, aber auf sehr zärtliche Weise, die kranke, müde, erschöpfte Carson. Alle Poesie der Welt, alle Sonnen vermochten es nicht, ihre blauen Augen, ihre schweren Lider und ihren abgezehrten Körper aufzuwecken. Sie hatte sich nur ihr Lachen bewahrt, jenes Lachen eines Kindes, das längst nicht mehr war. Ich sah diese beiden Männer, die man damals mit einer Art von verächtlicher Schamhaftigkeit Päderasten nannte und heute gay people nennt (als ob es so gay, so lustig wäre, vom erstbesten daherkommenden Dummkopf wegen seiner Veranlagung mißachtet zu werden). Ich sah also diese zwei Männer, sah, wie sie sich um diese Frau kümmerten, sie zu Bett brachten, sie aus dem Bett hoben, ankleideten, für ihre Zerstreuung sorgten, ihr menschliche Wärme vermittelten, kurz, ihr alles gaben, was Freundschaft, Verständnis, Aufmerksamkeit einem Menschen zu geben vermögen, der zu sensibel ist, der zuviel gesehen, zuviel erlebt und daraus zuviel gewonnen, vielleicht auch darüber zuviel geschrieben hat, um es noch einmal ertragen, erleiden zu können.

Carson sollte zehn Jahre später sterben und Franco kurz danach. Was Tennessee betrifft, der damals vielleicht der von den Puritanern meistgehaßte, aber vom Publikum und der Kritik meistgelobte Autor war, der Autor von *Endstation Sehnsucht, Die Katze auf dem heißen Blechdach, Die Nacht des Leguan* etc., so ist er vor einem halben Jahr auf recht elende Weise gestorben in einem Haus in Greenwich, das allen offenstand, die zu ihm wollten. Ich habe nie erfahren, warum oder woran dieser Mann gestorben ist, der das Lachen liebte und der so laut und manchmal so zärtlich lachte, es sei denn am Tod von Carson und an dem von Franco. Aber dieser Mann war ein guter Mensch. Er war wie Sartre, wie Giacometti, wie einige andere, mit denen ich zu wenig in Berührung kam, absolut unfähig, jemandem zu schaden, weh zu tun. Er war gut und männlich. Und was tat es schon, daß er nachts vorzugsweise zu jungen Männern gut und männlich war, wenn er dies tagsüber zur ganzen Menschheit war.

Wir verbrachten so vierzehn heiße und aufregende Tage in jenem zu dieser Jahreszeit verlassenen Key West. Fünfundzwanzig Jahre ist das her. Über fünfundzwanzig Jahre. Morgens trafen wir uns alle am Strand; Carson und Tennessee tranken Wasser aus großen Gläsern – so glaubte ich zumindest einige Tage lang, bis ich einmal einen großen Schluck davon trank und merkte, daß es unverdünnter Gin war. Wir schwammen, wir mieteten kleine Boote, wir versuchten vergeblich, große Fische zu fangen, die Männer tranken, die Frauen auch, etwas weniger. Wir hielten Picknicks und aßen unvorstellbare Mengen. Wir kehrten müde heim, heiter oder traurig, doch ob so oder so, das gehörte zu diesen Ausflügen.

Ich sehe Carson noch vor mir in ihren unglaublichen, viel zu langen Bermudas, mit ihren langen

Armen, den kleinen Kopf mit dem kurzgeschnittenen Haar geneigt, mit ihren so blassen, so blaßblauen Augen, daß man sogleich wieder das Kind in ihr sah. Ich sehe Tennessee im Profil vor mir, wie er die Zeitung las und manchmal lachte, um – seinen eigenen Worten zufolge – nicht weinen zu müssen (ich interessierte mich damals kaum für Politik). Ich sehe Franco den Strand hinaufklettern, herunterklettern, Getränke bringen, lachend von einem zum anderen eilen, ein Italiener, gut gebaut, nicht schön, aber charmant, heiter, komisch, gut, einfallsreich.

Von Carson und mir mit meiner Begleitung abgesehen, empfingen sie, glaube ich, kaum jemanden in ihrem kleinen Haus in der Duncan Street. Ein Haus mit zwei, drei Zimmern, von dem eines als Arbeitszimmer diente, in dem Tennessee stundenlang auf die Schreibmaschine einhieb, als spürte er die gräßliche Hitze nicht, die im Patio herrschte. Und dann war da noch ein Garten, den eine große, dicke Schwarze goß, so wie man sie in Filmen sieht, und dann waren da noch wir, der Bewunderung volle Franzosen, vielleicht etwas hinderlich, aber auf jeden Fall so glücklich über ihr Da-Sein, daß die drei bisweilen bei unserem Anblick zu lache anfingen.

Ich sprach nur wenig mit Tennessee oder Carson. Wir hatten keine tiefschürfenden Gespräche. Wir erzählten uns nichts von unserem Privatleben, waren kaum überschwenglich in Gefühlen; aber ich wußte schon damals, daß ich mich eines Tages nach diesen Augenblicken zurücksehnen würde.

Zwei oder drei Jahre später sah ich Tennessee wieder, an einem Tag der Präsidentschaftswahl, also des Alkoholverbots. Wir trafen uns in der Bar des Hotel „Pierre", wo er ganz lässig zwei Gläser mit Eis und eine Flasche Limonade bestellte, ehe er aus seiner Gesäßtasche einen breiten Flachmann mit Scotch herauszog, den er mir mit seiner üblichen Großzügigkeit kredenzte. Sein letztes Bühnenstück lief mit großem Erfolg, aber er sprach nicht davon. Er war traurig, weil Carson traurig war, weil Carson wieder einmal ein Hospital für „Nervenschwache" hatte aufsuchen müssen, wie er sagte – wie er mit aller Bestimmtheit sagte. Weil Carson aus dieser Klinik angeblich geheilt zurückgekehrt war, jetzt aber in dem großen Haus ihrer Kindheit wohnte, bei ihrer Mutter, die langsam an Krebs starb. Sie freute sich, mich in New York zu wissen, und Tennessee hatte versprochen, wir würden am nächsten Tag zu ihr fahren.

Wir fuhren also los, Franco, Tennessee und ich, an einem goldenen Herbsttag, einem richtigen New Yorker Altweibersommertag. Und in dem alten, schnellen MG, einem Wagen mit zurückklappbarem Verdeck, den Tennessee damals besaß, fuhren wir durch einen Teil von Connecticut oder New Jersey, ich weiß es nicht mehr, es war jedenfalls eine herrliche Gegend voller herbstroter Bäume, in die nur ein Schild an der Fassade eines Clubs nicht hineinpassen wollte, auf dem in großen Lettern geschrieben stand: „No jews, no dogs"* Wir waren zwanzig Kilometer von New York entfernt, das schien mir irre. Nach einem Schweigen begann Franco lauthals italienische Lieder zu singen, und singend trafen wir vor dem Haus von Carson McCullers ein, der Autorin jener Meisterwerke, die Frankreich erst allmählich zu entdecken begann, *Das Herz ist ein einsamer Jäger, Der Soldat und*

* (engl.) Juden und Hunde unerwünscht.

*die Lady* etc. Ein altes Haus mit Kolonnaden, drei Stufen, offene Türen wegen der Hitze, und auf einem Sofa eine sehr alte weißhaarige Frau, gezeichnet vom Leiden oder von irgend etwas anderem, das sie uns gegenüber gleichgültig und fast geringschätzig machte. Und dann war da Carson, Carson irgendwie in einen braunen Hausrock gehüllt, Carson, die noch magerer, noch blasser geworden war und die noch immer diese Augen hatte, diese unglaublichen Augen, und ihr Kinderlachen.

Man begann Flaschen zu öffnen, und Carsons Mutter schien sich bitten zu lassen, ehe sie auch davon kostete. Wir tranken viel. Die Rückfahrt in diesem Wagen – und es war inzwischen kalt geworden –, die Rückfahrt verlief melancholisch, indes wir wieder jener Galaxie zustrebten, jener riesigen Stadt, deren Einwohner alle die Namen dieser beiden kannten, aber nichts von ihrem Leben wußten. Leider mußte Carson schon eine Woche danach wieder dorthin, wo man sich um die Nervenschwachen kümmerte, und da vermochte sich weder Tennessee noch auch Franco ein Lächeln abzuringen . . .

Und dennoch traf ich sie beide in fröhlichster Gesellschaft in Rom wieder, ein Jahr später, bei einer jener Cocktailpartys, mit denen die Amerikaner die Italiener zu überschütten lieben. Faulkner war da. Er ging sehr bald wieder, um mit einer jungen Blondine zu flirten, mit der Miene eines Mannes, dem einerseits alles und andererseits gar nichts daran liegt, und wir entflohen unsererseits, um Anna Magnani aufzusuchen, die dann mit uns zu Abend aß. Die Magnani war wütend auf die Männer, auf alle Männer. Einer ihrer Liebhaber hatte ihr am Tag zuvor einen bösen Streich gespielt, und sie konnte sich einfach nicht beruhigen. Sie beruhigte sich den ganzen Abend nicht. Alle Scherze, alles laute Lachen von Franco und dann auch von mir und Tennessee halfen da nichts. Sie lachte nicht einmal, als eine Dirne, eine Freundin von Franco, uns oder vielmehr ihm mit fröhlicher und flehender Stimme zurief: „E quando, Franco, quando, quando? ..." – „Bald", sagte er, heftig schaltend, um einigen Radfahrern und einem Autobus auszuweichen, „bald, Kleines, bald ich bin da." Er hob die Hand und lächelte dem Mädchen zu, das Mädchen gab ihm das Lächeln zurück, und Tennessee, auf dem Rücksitz lächelte ebenfalls hinter seinem Schnurrbart, als beobachte er, wie sein großer Schlingel von Sohn mit einem Mädchen anbändelte. Auch zwischen ihnen war Zärtlichkeit, ungeheuer viel Zärtlichkeit.

Und dann, eines Abends, viel später und in New York, begegnete ich dem Schatten von Tennessee auf einer „intellektuellen" Party, zu der ich mich wieder einmal vom Zufall hatte verlocken lassen. Ich sah einen Mann vor mir, der nur noch der Schatten seiner selbst war: einen Tennessee, der grau, hager, durchsichtig geworden war, der nicht mehr seinen blonden Schnurrbart, nicht mehr seine blauen Augen, nicht mehr sein schallendes Lachen hatte und der mich mit einer Art Verzweiflung, fast Groll umarmte. Ich wußte zuerst nicht, was los war, bis mich jemand barmherzigerweise aufklärte: man durfte ihm nicht von Franco sprechen, weil er sich – „ja, so etwas Dummes!" – mit Franco gestritten hatte und dann fortgegangen war, nach Italien oder anderswohin, um ein halbes Jahr ohne ihn zu verbringen, um wieder einen klaren Kopf zu bekommen oder um anzugeben, oder weil sie sich beide auf die Nerven gegangen waren. Und als er aus den extravaganten Ländern zurückgekehrt war, in die der Zufall ihn geführt hatte und wo die Nachrichtenverbindungen schlecht waren, erfuhr er, daß Franco seit drei Monaten im Sterben lag, daß er sich von ihm verlassen glaubte, nach ihm verlangte, wartete, daß er zu ihm kam. Seitdem war bei Tennessee alles zerbrochen. Er lachte nicht mehr, und er hielt in einer Ecke der Bar meine Hand fest, aber seine Hand war schlaff, freundlich aus Gewohnheit oder wegen der vagen Erinnerung an meine Hand. Als ich ging, hatte ich das Gefühl, ich würde ihn nicht mehr wiedersehen, denn er war flankiert von zwei komischen Typen, bewaffnet mit Brillen, Zertifikaten und Bärten, die ihm auf Schritt und Tritt folgten, auf jedes seiner Worte lauschten, ihm zu essen und zu trinken und vor allem Pillen brachten. Sie erinnerten eher an Mafiagangster als an ehrbare Spezialisten der Verzweiflung.

Und dann, es kann zwölf Jahre her sein, vielleicht länger, vielleicht weniger, bat mich André Barsacq, der das „Atelier" leitete und zu Beginn der Saison ein Loch hatte, wie man so sagt, im letzten Augenblick ein Stück für ihn zu bearbeiten, einzurichten, ganz gleich, von wem. Barsacq war ein Mann, der immer seine Schiffbrüche und Erfolge, seine Mißerfolge und seine triumphalen Aufstiege erlebt hatte. Ich mochte ihn, und ich kam sofort auf Tennessee Williams, den einzigen Autor, der es mir ermöglichte, mein noch stockendes Englisch weiter wachzurütteln, trotz der Jahre ohne Schule, ohne Unterricht in der Sprache Albions. Wir zogen die Unterlagen zu Rate, die verschiedenen Daten von Aufführungen und kamen schließlich auf *Süßer Vogel Jugend*, ein Stück, das schon in New York aufgeführt worden war, auch mit einem gewissen Erfolg, und das mit Paul Newman und Geraldine Page in den Hauptrollen verfilmt worden war. Es lag natürlich keine Übersetzung dieses Stückes vor oder zumindest keine, die Tennessee Williams gefiel. Ich mußte mich also daranmachen. Ich begann im Mai, Juni, wobei mir jemand half, der fließend englisch sprach, und ich arbeitete, wie ich in meinem Leben nicht mehr gearbeitet habe, das heißt ohne Pause, rackerte mich ab, klemmte mich hinter jedes Wort, manchmal verzweifelnd, manchmal von Freude erfüllt, und ich legte die Etappen zurück, die es mir erlaubten, ein wenig in die Poesie Tennessees einzudringen, in einen zugleich harten und schönen Text, einen sehr harten und sehr schönen Text: die plötzlichen Zärtlichkeiten, dann die beißenden Bemerkungen; manchmal sind sozusagen die Hunde losgelassen nur durch einen einzigen Satz eines Mannes. Und manchmal ist da die Wildheit einer Gottesanbeterin, enthalten in den sanften Worten einer Frau; die unheilschwangere Atmosphäre einer Stadt, die wiederkehrenden Erinnerungen an Kindheit und Jugend. Und sie, so weit von ihrer Kindheit entfernt, auf ihren Jahrmarktsbrettern. Und er, der billige Gigolo, der mit seinem Glas, seinem Koffer, der Sauerstoffmaske für sie herumrennt, und, wenn er guter Stimmung ist, ins Bett schlüpft, wo sie ihn erwartet, als wollte sie ihm seine Jugend rauben und sich aneignen, und wäre es nur für eine Nacht. Und die beiden dann zusammen, nachdem sie sich die absurdesten, verletzendsten, manchmal schönsten Dinge gesagt haben, die man sich sagen kann.

Und während dieses ganzen Sommers, der sehr heiß war, arbeitete ich wie eine Wilde. Ich verbesserte einen Satz zwanzigmal, dreißigmal, was ich bei meinen eigenen Stücken nicht getan habe und bisweilen hätte tun sollen. Ich lieferte den Text noch rechtzeitig ab, die Proben begannen, und Edwige Feuillère spielte faszinierend in der großartigen Bühnenausstattung von Jacques Dupont. Natürlich hatten wir Tennessee gleich zu Beginn von unserem Unternehmen verständigt, aber ich war dennoch sprachlos, als wir drei Tage vor der Premiere sein Telegramm erhielten: „Ich komme." Ich eilte zu seinem Hotel, das sehr luxuriös war, was mich erstaunte, denn ich wußte, daß er in finanziellen Schwierigkeiten steckte und daß Amerika ihn aus einem jener verrückten und für mich als Französin unsinnigen Gründe ausgestoßen hatte. Es schien, als betrachtete man ihn jetzt als jemanden, der seinerzeit ganz nette Geschichten erzählt und das Glück gehabt hatte, gute Interpreten für verworrene Texte zu finden. Kurz, es ging ihm gar nicht gut. Er war kein Mensch, der etwas auf die hohe Kante legte, und als ich an unsere letzte Begegnung in jenem Wolkenkratzer in New York zurückdachte, an diesen Schatten von einem Mann, war ich etwas beunruhigt bei der Vorstellung, meinen Freund Tennessee wiederzusehen, und zu Tränen gerührt darüber, daß er sich die Mühe gemacht hatte, von so weit her zu kommen, aber andererseits machte ich mich auf wirklich alles gefaßt, was einem bereits angeschlagenen Menschen bei gewissen Gelegenheiten widerfahren kann: daß das Stück ein Mißerfolg ist, daß Buhrufe und Pfiffe ertönen, daß die Schauspieler ihre Sache schlecht machen, daß ihm meine Übersetzung nicht gefällt, daß alles zusammen diesem sensiblen Menschen den Rest geben könnte. Nun, ich traf einen Tennessee an, der genau dem Tennessee glich, den ich fünfzehn Jahre zuvor in Key West kennengelernt hatte. Einen Tennessee, der wieder seinen alten

Schnurrbart hatte, seine blauen Augen, sein lautes Lachen und dem auf Schritt und Tritt, gleich einer ultraschicken Nurse, eine gewisse Gräfin aus der sehr guten britischen Gesellschaft folgte, der es Tennessee mit seinem Talent und speziellen Charme angetan hatte – so wie das wohl bei Frau von Meck und Tschaikowski der Fall gewesen war, nur daß die Gräfin ihren Autor keinen Augenblick aus den Augen ließ. Tennessee lachte viel über diese Position einer sehr teuren Freundin, „sehr teuer, aber nicht zu teuer, weißt du", sagte er, und er, der stets seine Millionen lässig und heiter verteilt hatte, schien manchmal überrascht zu sein, daß über seine umgekehrte Situation nur er und ich wirklich lachen konnten. Während des ersten Akts saßen wir in einer Loge versteckt, Tennessee neben mir, die Augen weit aufgerissen, und am Anfang hörte er aufmerksam zu, aber dann begann er bei den übrigens auch als komisch gedachten Stellen so laut zu lachen, daß die Leute sich umdrehten; und je tiefer ich mich in meinem Sitz verkroch, desto ausgelassener lachte er, bis ich mich schließlich zu ihm hinüberbeugte und sagte: „Aber so lustig ist es doch nun auch wieder nicht!" Worauf er sagte: „O doch, du glaubst gar nicht, wie lustig das ist. Ich war wirklich ein lustiger Bursche damals!" Und er lachte wie ein Irrer. Man bat ihn, doch nicht solchen Lärm zu machen, doch als die Logenschließerinnen sahen, daß es der Autor und seine Übersetzerin waren, die sich so aufführten – allen Gesetzen des Theaters zum Trotz, denen zufolge diese beiden Personen sich nur sehr beklommen in den Gängen und Räumen eines Theaters bewegen wie Passagiere eines Schiffs, das gleich sinken kann –, zogen sie sich zurück, und dann folgte die Pause, zu der natürlich Tout-Paris* an-

* Die Prominenz von Paris.

wesend war, das Tout-Paris, dem Tennessee nur einen zerstreuten Blick schenkte, um sich sogleich zu verkrümeln und sich in die Rue des Abbesses zu begeben, eine Straße von bekanntlich schlechtem Ruf: das heißt, sie gehört den Jungen, den Männern, den harten wie den sanften, eine Straße, in der sich eine Frau nachts am besten nicht blikken läßt und sich schon gar nicht für das interessiert, was dort vor sich geht. Zusammen mit drei mutigen Männern brachen wir dennoch zum Kriegszug auf, denn wir mußten Tennessee ja finden, um ihn dem Publikum vorzustellen, und wir fanden ihn auch schließlich in der allerfinstersten Taverne, noch immer mopsfidel, irgend etwas essend, das nach Knoblauch oder einem anderen plebejischen Gewürz roch, und ich stellte mir ganz kurz das distinguierte englische, bei Kerzenlicht angerichtete Mahl in der Luxussuite des Grandhotels der Gräfin vor. Lassen wir das.

Das Publikum klatschte begeistert, man schleppte Tennessee, der zuerst nicht wollte, auf die Bühne, er klatschte selbst auch, worauf alles lachte und noch lauter klatschte. Wir fuhren in bester Stimmung los, die einen in dem Rolls-Royce der Gräfin, die anderen in ihren eigenen Wagen, zu jenem Luxushotel, dessen Namen ich vergessen habe und wo Tennessee mich in einer Ecke ganz fest umarmte und mir versicherte, ich sei „the dearest girl“* und meine Übersetzung ganz ausgezeichnet – obwohl es mit seinem Französisch noch immer hapere, habe er viele Dinge sehr genossen –, und er sei sehr froh, daß auch ich diese Dinge begriffen hätte. Das alles sehr schnell und in der etwas verworrenen Art, die Autoren gern annehmen, wenn sie einander von ihren Werken sprechen. „Du hast

* (engl.) das netteste Mädchen.

dich also nicht durch mich, durch meine Übersetzung verfälscht gefühlt?" Das war die einzige Frage, die mich seit Beginn der ganzen Sache quälte. „No, Darling, ich habe mich geliebt gefühlt. Besser als alles andere, weißt du: geliebt." Und er umarmte mich noch einmal, ehe er sich auf einen Drink stürzte, der gerade vor seinen Augen, aber hinter denen der englischen Gräfin gereicht wurde.

Bei dieser Gelegenheit sah ich ihn zum letzten Mal. Ich erfuhr später von seinen Possen beim Festival von Cannes, von seiner Weigerung, sich weiterhin als Vorsitzender dieser kapitalistischen Räuberhöhle zu produzieren. Ich lachte damals sehr, aber das Lachen verging mir, als ich ihm zu meinem Leidwesen ein paar Jahre später nachfolgte – es scheint, ich habe etwa das gleiche empfunden wie er. (Das ist übrigens nur anekdotisch von Interesse.) Doch ob es nun der blonde Mann mit den blauen Augen und dem blonden Schnurrbart ist, die sonnengebräunte Gestalt, die Carson McCullers auf den Armen in ihr Zimmer trug, sie dort wie ein kleines Kind auf ihr Doppelkissen legte, bei ihr sitzen blieb und ihre Hand hielt, bis sie, ohne ihre Alpträume, eingeschlafen war, oder der graue, unordentliche Tennessee, dem sein Innerstes fehlte, weil Franco nicht mehr da war, oder jener Tennessee, der so freundlich gewesen war, von so weit her zu kommen und auf den unsere Theatervorstellung vielleicht eher wie eine Dorfposse gewirkt hatte, der aber jedenfalls sich die Mühe gemacht, den Mut gehabt hatte, mich des Gegenteils zu versichern – ich werde immer diesen Blick, diese Kraft, diese Zärtlichkeit, diese Verletzlichkeit vermissen. „Ich habe gespürt, daß du mich liebst, Darling, ich weiß, daß du mein Stück geliebt hast, Darling." Und ich weiß nicht, wie du gestorben bist, mein armer Poet. Ich weiß nicht, was man dir in New York angetan hat, davor oder danach oder seitdem, und ob du dir schließlich diesen seltsamen Tod gewünscht hast, am frühen Morgen in deinem jedem offenstehenden Haus, und ob du ihn provoziert hast, oder ob du vorhattest, ein paar Tage in jenem Haus in Florida zu verbringen, auf dem vielleicht Hypotheken lasteten, bei deinem Meer, deinem Strand, deiner schwarzen Nacht, deinen Freunden, deinem Schreibpapier – das Drama dieses weißen, unbeschriebenen Papiers –, in deinem Zimmer – jenem Zimmer, das du nachmittags bezogst, mit oder ohne Flasche, und aus dem du dann später befreit herauskamst, schlank, jung, triumphierend, eben als Poet. Ich vermisse dich, Poet. Und ich fürchte, ich werde dich noch lange vermissen.

# Die Geschwindigkeit

Sie drückt die Platanen am Straßenrand platt, sie zieht nachts die Leuchtbuchstaben der Tankstelle in die Länge und verzerrt sie, sie knebelt den Aufschrei der Reifen, die plötzlich vor Aufmerksamkeit stumm geworden sind, sie zerzaust auch die Kümmernisse: man kann unter noch so bittersüßen Liebesschmerzen leiden – bei zweihundert Stundenkilometern leidet man weniger. Das Blut gerinnt nicht mehr auf Herzensniveau, das Blut spritzt bis in die Fingerspitzen, die Zehenspitzen, bis in die Augenlider, die jetzt zu schicksalhaften und unerbittlichen Schildwachen des eigenen Lebens geworden sind. Es ist toll, wie der Körper, die Nerven, die Sinne einen zur Existenz hinziehen. Wer nicht sein Leben für unnütz erachtet hat ohne das des „anderen“ und wer nicht gleichzeitig den Fuß auf ein Gaspedal geklemmt hat, das sowohl zu empfindlich wie zu schwerfällig reagierte, wer nicht gespürt hat, wie der ganze Körper wach wird, auf der Hut ist, wie die rechte Hand mit der Gangschaltung spielt, die linke fest auf dem Lenkrad liegt, die ausgestreckten Beine nur zum Schein entspannt, doch bereit zum jähen Auskuppeln oder Bremsen, wer nicht bei allen diesen auf das Überleben gerichteten Aktionen und Reaktionen das herrliche und faszinierende Schweigen eines nahen Todes empfunden hat, jene Mischung von Weigerung und Provokation, der hat nie die Geschwindigkeit geliebt, hat nie das Leben geliebt –

und hat vielleicht auch nie einen anderen Menschen geliebt.

Da ist zunächst draußen dieses offenbar ganz zufriedene, ruhige Tier aus Blech, das man mit einem wie auf Zauberei beruhenden Schlüsselumdrehen aufweckt. Dieses Tier, das sich räuspert, das man wie einen zu früh geweckten Freund erst einmal zu Atem kommen läßt, zu seiner Stimme, seinem Bewußtsein von einem neuen Tag. Dieses Tier, das man behutsam zum Angriff auf die Stadt mit ihren Stadtstraßen, auf das Land mit seinen Landstraßen anstachelt, diese allmählich sich erwärmende Maschine, die sich in ihrer Haut ganz wohl fühlt, die allmählich gespannt darauf ist, was sie zur selben Zeit wie man selbst alles zu sehen bekommt: Uferstraßen oder Felder, auf jeden Fall glatte, freie Oberflächen, auf denen sie sich selbst übertreffen kann. Vorübergleiten von Wagen zur Rechten, zur Linken, oder langsames Dahinzockeln hinter dem sturen Burschen, der vor einem rollt; und immer wieder der gleiche Reflex: der Fuß drückt hinunter, das Handgelenk feuert den Wagen an, der einen Satz macht und überholt und dann wieder friedlich dahinschnurrt. Diese Kiste aus Blech, die sich in die Arterien der Stadt einfädelt, auf ihren Uferwegen dahinrollt, auf ihren Plätzen wie in ein Adernetz hineinstößt, das sie nicht verstopfen will; oder diese Kiste aus Blech, die am Morgen durch die Landschaft gleitet, zwischen Nebeln in Längsrichtung, zwischen leuchtenden Feldern und Barrieren von Schatten, bisweilen mit einer Anhöhe voraus; und der Wagen, der klappert; und wieder den linken Fuß hinunter und die rechte Hand an der Kupplung und der fröhliche Satz des Reittiers, das diese kleine Herausforderung brummelnd zur Kenntnis nimmt, bei der ersten ebenen Strecke zu seinem leisen Schnurren zurückfindet. Alles selbst orchestrieren: diese dem Ohr und dem Körper auf subtile Weise harmonisch klingenden Geräusche, dieses Fehlen von Stößen, diese ständige Mißachtung der Bremsen. In erster Linie Auge sein, das Auge des Lenkers des Tiers aus Blech, dieses herrlichen, nervigen, bequemen, tödlichen Tieres, was auch immer, das aufmerksame Auge sein, das ruhige und argwöhnische, das eifrige und lässige Auge; das unbewegliche Auge, das doch rasch den anderen sucht, in dem letztmöglichen Bemühen, diesem später für immer verschwundenen anderen nicht zu begegnen, sondern ihm vielmehr auszuweichen.

In der Nacht stößt das Tier aus Blech nach einer Kurve auf Minenfelder oder vielmehr auf Felder, die vermint sind mit Unvorhersehbarem, mit falschen Lichtern, blendenden und gelben Regenbögen, mit jenen breiten und falschen Auswegen am Ende der Gräben, die unsere Scheinwerfer herausheben gleich Fallen, gleich einem Sich-Entziehen des Erdbodens am Ende des Scheins der Halogenlampen, sowie mit allen diesen unbekannten Schicksalsgefährten, denen man begegnet und denen man seinen Fahrtwind zupeitscht, so wie sie einem den ihren zupeitschen mit der ganzen Wucht der zwischen uns zusammengedrückten Luft. Und alle diese anonymen Fahrer, alle diese Feinde, die uns bespritzen, uns abstumpfen, uns in einer geteerten Sackgasse im flüchtigen und trügerischen Mondlicht zurücklassen. Und bisweilen jene schreckliche Anziehungskraft, von der rechten Seite her, zu Bäumen hin, oder von links, nach links, zu Kühlerhauben hin – alles und ganz gleich, was, um nur ihren wilden Scheinwerfern zu entrinnen.

Und dann diese Raststätten – Beton, Mineralwasser, Automaten, Münzen –, in die sich die Autobahnfahrer flüchten, den eigenen Reflexen entronnen. Und die Ruhe dort, die Stille, der schwarze Kaffee, dieser Kaffee, an den man schon nicht mehr geglaubt hat, so verrückt rasten die Lastwagen bei Auxerre, so wenig konnte man noch sehen, bei Auxerre, unter den Graupelschauern und bei dem Glatteis. Alle diese unzähligen und bescheidenen Helden der Autobahn, die es so sehr gewöhnt sind, haarscharf am Tod vorbeizufahren, daß sie nicht mehr daran denken, davon zu reden, die aber weitermachen, blinzelnd unter dem Licht der Scheinwerfer und sich Fragen stellend wie: „Wird er jetzt überholen? Komme ich noch vorbei?" Die Hände eiskalt, das Herz manchmal einen Schlag aussetzend! . . . Alle diese vorsichtigen, von der Eile getriebenen, schweigenden Helden, die man allnächtlich auf den Autobahnen antrifft, müde, ausdauernd, vor allem daran denkend, daß es von Lyon bis nach Valence noch hundert Kilometer sind oder von Paris nach Rouen, daß es aber nach Mantes oder nach Châlon nur soundso viele Parkplätze und soundso viele Zapfsäulen gibt. Dann flüchtet man sich in eine dieser Etappenstationen, man zieht sich für fünf Minuten aus dem großen Spiel zurück und sieht, heil und gerettet, aus dem Schatten des Benzin-Reklameschilds heraus seine Verfolger wie Kamikazeflieger vorüberrasen – und die, die man selbst während der letzten Stunde überholt hat . . . Da atmet man dann auf, man tut so, als richte man sich in diesen vorübergehenden und so offenkundig provisorischen Schutzbereichen ein, diesen Zufluchtsorten, die man wieder verlassen muß, selbst wenn einen jähe Furcht anfällt vor diesen schwarzen Ungetümen, die man vor sich und hinter sich hat, und vor ihren aggressiven und forschenden, lauernden und beunruhigenden Scheinwerfern und Rücklichtern. Und so nimmt man sich dann zusammen, rafft sich und seine Maschine auf, und die Maschine stöhnt, schnurrt und trägt ihren Fahrer davon, er ihr ausgeliefert und sie ihm. Und da weiß man dann, wenn man an seinem Platz, auf dem Kissen aus Plastik oder Leder, den Geruch der eigenen Zigaretten wiederfindet, da weiß man dann, wenn man mit seiner lebendigen, warmen Hand dieses kalte Lenkrad aus Holz oder Bakelit berührt, das einen bis hierher gebracht hat und vorgibt, einen auch noch weiter zu bringen, da weiß man dann, daß dieser Wagen nicht nur ein Transportmittel, sondern auch ein mythisches Element ist, mögliches Werkzeug des Schicksals und fähig, einen zu vernichten oder zu erretten – der Wagen des Hippolytos und nicht das tausendste Exemplar aus einer Serie.

Man mag es vielleicht nicht glauben, aber die Tempi der Geschwindigkeit sind nicht die der Musik. In einer Symphonie ist es nicht das Allegro, das Vivace oder das Furioso, das den zweihundert Stundenkilometern entspricht, sondern das Andante, eine langsame, getragene Bewegung, eine Art Strand, zu dem man über eine bestimmte Geschwindigkeit hinweg gelangt und wo der Wagen sich nicht sträubt oder abmüht, nicht mehr beschleunigt, sondern sich vielmehr gehenläßt, sich gleichzeitig mit dem Körper einer Art wachen, aufmerksamen Taumels hingibt, die man gewöhnlich als berauschend apostrophiert. So etwas kommt nachts auf einer freien Straße vor, manchmal auch bei Tag in einer verlorenen Gegend. So etwas kommt vor in Momenten, da Begriffe wie Verbot, Abendanzug obligatorisch, Sozialversicherung, Krankenhaus, Tod nichts mehr besagen, aufgehoben sind durch ein simples Wort, das Menschen zu allen Zeiten gebrauchten, wenn sie an silberglänzende Rennwagen oder galoppierende Pferde dachten: Geschwindigkeit. Diese Geschwindigkeit, bei der etwas in einem drin etwas außer einem draußen überholt, dieser Augenblick, da die unkontrollierten Gewalten aus einem Motor oder einem wieder wild gewordenen Pferd hervorbrechen und die Klugheit, die Sensibilität, die Geschicklichkeit – auch die Sinnlichkeit – kaum die Kontrolle bewahren, jedenfalls nicht so weit, daß nicht noch ein Vergnügen, ein Raum für ein tödliches Vergnügen übrigbleibt. Wir leben in einer hassenswerten Zeit, in der das Risiko, das Unvorhergesehene, das Unvernünftige ständig abgelehnt werden, mit Zahlen konfrontiert werden, mit Defiziten oder Berechnungen; elende Zeit, da man es dem einzelnen verbietet, sich umzubringen, nicht um des unberechenbaren Werts seiner Seele, sondern um des jetzt schon berechneten Preises seines Leichnams willen.

Der Wagen gibt seinem Beherrscher und Sklaven das paradoxe Gefühl, endlich frei, an den Mutterbusen zur ursprünglichen Einsamkeit zurückgekehrt zu sein, weit, weit fort von jedem fremden Blick. Weder die Fußgänger, die Polizeibeamten, die anderen Autofahrer, weder die Frau, die auf ihn wartet, noch das ganze Leben, das nicht wartet, können ihn aus seinem Wagen vertreiben, aus dem schließlich einzigen seiner Güter, das ihm während einer Stunde am Tage erlaubt, physisch wieder zu dem Einzelgänger zu werden, der er von Geburt her ist. Und wenn außerdem die Fahrströme vor ihm zur Seite weichen wie die Ströme des Roten Meeres vor den Hebräern, wenn dann noch die Ampeln immer seltener werden, verschwinden, wenn die Landstraße zu schwingen und zu flüstern beginnt gemäß seinem Fußdruck auf das Gaspedal, wenn der Wind zu einem Sturzbach durch das Seitenfenster wird, wenn jede Kurve zu einer Bedrohung und Überraschung und jeder Kilometer zu einem kleinen Sieg wird, dann wundert euch ruhig darüber, daß friedliche Bürokraten mit brillanter Zukunft in ihrem Unternehmen plötzlich eine Pirouette aus Autoblech, Straßengestein und Blut vollziehen, in einem letzten Elan zur Erde hin und einer letzten Verweigerung ihrer Zukunft. Man bezeichnet diese Fälle des Aufbäumens als Unfälle, man führt Ablenkung, mangelnde Geistesgegenwart an, man führt alles an, nur nicht die Hauptsache, die genau das Gegenteil davon ist, die jene plötzliche, unvermutete Begegnung des Körpers mit seinem Geist ist, das Sich-Klammern einer Existenz an die wie ein Blitz einschlagende Idee dieser Existenz: Wie, wer bin ich? Ich bin ich, ich lebe; und ich erlebe das, und ich gehe es mit 90 in Ortschaften, mit 110 auf den Nationalstraßen, mit 130 auf den Autobahnen, mit 600 in meinem Kopf an, gemäß sämtlichen Gesetzen und Bestimmungen der Verkehrspolizei, der Gesellschaft und der Verzweiflung. Wer sind diese Zähler, die mich seit meiner Kindheit umgeben? Welches ist diese Geschwindigkeit, die dem Lauf meines Lebens auferlegt ist? . . .

Doch da entfernen wir uns von dem Vergnügen, das heißt, von der als Vergnügen angesehenen Geschwindigkeit, was letztlich die beste Definition ist. Sagen wir es gleich mit Morand, mit Proust, mit Dumas, es ist weder ein wirres noch ein verschwommenes, noch ein schändliches Vergnügen. Es ist ein präzises, erregendes und fast erhabenes Vergnügen, zu schnell zu fahren, schneller als der Zustand eines Wagens und einer Straße erlaubt, die Straßenlage, vielleicht die eigenen Reflexe überfordernd. Und sagen wir auch gleich, daß es gerade nicht um eine Art Wette mit sich selbst geht noch um eine törichte Herausforderung des eigenen Könnens, es ist kein Wettrennen mit und gegen sich selbst, es ist kein Überwinden eines persönlichen Handikaps, es ist eher eine Art von frohgemuter Wette zwischen der puren Chance und einem selbst. Wenn man schnell fährt, gibt es einen Augenblick, da man zu treiben beginnt in dieser Piroge aus Blech, da man die Schneide der Klinge, den Kamm der Welle erreicht und auf die gute Seite herunterzugleiten hofft, mehr der Strömung als dem eigenen Geschick vertrauend. Geschmack, Gefallen an Geschwindigkeit hat nichts mit Sport zu tun. Geradeso wie sie dem Spiel, dem Zufall verwandt ist, ist die Geschwindigkeit dem Lebensglück und, konsequenterweise, der verschwommenen Sterbehoffnung verwandt, die in besagtem Lebensglück stets mitschlummert. Letztlich halte ich dies für wahr: die Geschwindigkeit ist weder ein Zeichen noch ein Beweis, noch ein Reiz, noch eine Herausforderung, sondern ein Elan des Glücks.

# Orson Welles

Ich lebte damals seit zwei Monaten als „Stadtflüchtling" in Gassin, einem reizenden Dörfchen, das von seinen zweihundert Metern Höhe seit dreißig Jahren mißbilligend auf die Exzesse seiner verrückten Schwester Saint-Tropez hinabblickt. Es hatte zwei Monate lang geregnet, und ich war so oft zwischen dem Kaminfeuer und dem Bistro an der Ecke hin- und hergerannt, daß ich mich eher in der Sologne als am Mittelmeer glaubte. Es war 1959 oder 1960 oder 1961, ich weiß es nicht mehr. Wenn man seine Jugend einmal hinter sich hat, stapeln sich die glücklichen wie die unglücklichen Jahre übereinander, und ich kann deswegen heute keine genaue Zahl mehr angeben. Ich hatte also gerade zum ersten Mal den ehelichen Haushalt verlassen, mir aber dennoch so viel Zuneigung zur Spezies Mann bewahrt, daß ein mir teurer, beim Festival von Cannes tätiger Freund mich zu dem Versprechen brachte, ihn dort eines Tages aufzusuchen.

Ich wußte von Cannes und seinem Festival nur das, was man sich damals allgemein darunter vorstellte, das heißt eine Mischung von eisgekühltem Champagner, lauem Meer, bewundernden Menschenmassen und amerikanischen Halbgöttern, und ich muß gestehen, daß diese Mischung mich nicht allzusehr reizte. Die Vorahnung erwies sich gleich bei meiner Ankunft als zutreffend, denn während ich noch zusammen mit diesem Freund von einer Stufe des alten Palais du Festival aus den Einzug der Juroren und Stars des Tages beobachtete, wurde ich plötzlich in eine Menschenbewegung hineingerissen, die das Eintreffen von Anita Ekberg, Gina Lollobrigida oder ich weiß nicht wem verursachte und aus den friedlichen und bewundernden Gaffern eine wilde Menge machte. Ich habe persönlich im allgemeinen keine Angst vor Menschen, doch in diesem Augenblick, eingezwängt zwischen all diesen Gesichtern, diesen Profilen, Schultern und abwechselnd dunklen und sonnenhellen Stellen, wurde ich von der Panik erfaßt. Ich kämpfte, stieß um mich und war im Begriff, „der Überzahl zu erliegen", wie man so töricht sagt, als ein starker Arm mich dieser Hölle entriß und über Treppen und Gänge und durch geheime Türen in einen Büroraum verfrachtete, wo er mich auf ein Sofa fallen ließ; und dort stellte ich fest, daß dieser wohltätige King Kong auch der King Kong der Verführung war, denn ehe ich ihn noch richtig sah, erkannte ich ihn an seinem Lachen: Orson Welles.

In diesem Büroraum befanden sich, wenn meine Erinnerung mich nicht trügt, außer einigen Festivaloberen und meinem völlig zerzausten Freund noch Darryl Zanuck und Juliette Gréco sowie ein befreundeter Impresario, der, nachdem die erste Aufregung überstanden und der erste und stärkende Whisky geschlürft war, vorschlug, wir sollten uns doch alle am Abend zum Essen in der „Bonne Auberge" treffen. Mir hätte er auch ein Essen noch am selben Abend in Valparaiso oder Lille vorschlagen können – solange Welles dabei war, war ich mit von der Partie. Die kleine, sehr kleine Zahl von Illusionen über die Männer, die ich eingebüßt haben mochte, war sogleich durch seine bloße Gegenwart wettgemacht worden. Er war riesig, er war in der Tat kolossal. Er hatte gelbe Augen, er hatte ein dröhnendes Lachen, und er ließ über den Hafen von Cannes, sein aufgestörtes Menschentreiben und seine aufgedonnerten Yachten einen zugleich belustigten und desillusionierten Blick schweifen, den skeptischen Blick des Fremdlings.

Während der folgenden Jahre erzählte ich, wenn die Rede auf ihn kam, diese pittoreske Anekdote immer wieder, so daß ich mich schließlich fragte, ob ich sie wirklich erlebt hatte: in jedem Menschen gibt es ein selektives Gedächtnis, das die Ereignisse sichtet, die schönen bewahrt und die häßlichen vergißt – oder umgekehrt –, ein Gedächtnis, dem nachzuhelfen die Phantasie bisweilen nicht für unter ihrer Würde hält. Erst als ich Welles Jahre später in Paris wiedersah, im „Luxembourg", wo er mich zum Mittagessen abholte, erst als er mich unter dem Vorwand, ich käme sonst unter irgendwelche Räder, unter den Arm nahm wie ein Wäschepaket und mich so quer über die Straßen trug, daß mein Kopf vorn und meine Füße hinten herunterbaumelten und ich schrie und ihn beschimpfte, erst da vermochte ich wieder an meine erste Erinnerung zu glauben ... Doch das ist eine andere Geschichte.

Kommen wir auf Cannes zurück, auf jenes Jahr, das ich heute nicht mehr genau zu bestimmen vermag, es war jedenfalls das Jahr, als er seinen Film *Im Zeichen des Bösen* vorstellte, kommen wir auf jenes Jahr zurück – wir gingen damals tatsächlich in die „Bonne Auberge" essen, mit jenem Freund von mir und einem Zanuck voller amour, einer Gréco voller humour und einem Welles voller Schulden.

Seinen letzten Film hatte er, weil ihm das Geld ausging, mitten in den Dreharbeiten unterbrechen müssen, und man ging mehr oder weniger davon aus, dieses Diner werde Darryl Zanuck (der bereits zu den mächtigsten Hollywood-Produzenten zählte) dazu bewegen, diese Sache in Ordnung zu bringen. Eine Stunde lang, glaube ich, verlief das Mahl recht friedlich. Wir erlebten einen ganzen Reigen von Hors-d'œuvres, der Spezialität des Hauses, und wir sprachen auf franco-englisch über die Ereignisse des Nachmittags. Man lachte, alle scherzten. Und dann kam man, über einen unvermeidlichen Umweg, auf den Film im allgemeinen zu sprechen, dann auf die Produktion, dann auf die Rolle des Filmproduzenten, und da spielte sich das Gespräch in einem immer schnelleren Englisch ab. Ich folgte ihm zwar pflichtbewußt, aber aus der Distanz, als mir plötzlich die kräftige Hand meines Nachbarn zur Linken, Orson Welles, auf die Schulter schlug. „Sie und ich", sagte er zu mir, „Sie und ich, wir sind Künstler, wir haben nichts zu schaffen mit dieser Bande von unfähigen Finanziers und Gaunern. Man muß sie meiden wie die Pest, das sind Mittelsmänner, das sind . . ." Es folgten einige Schimpfworte, deren Sinn ich nicht ganz begriff, die aber dazu führten, daß Zanuck die Zigarre aus dem Mund nahm und sich erhob, daß Welles zusammen mit uns ging, auf seinen Nachtisch verzichtend, und daß sein Film unvollendet blieb. Ich war einerseits bekümmert seines Films wegen und andererseits begeistert seinetwegen. Seinetwegen, des Kinos, der Kunst, der „Künstler" wegen, wie er sagte, der Wahrheit, der Ungeniertheit, Größe, kurz, alles dessen wegen, was man will – und was mich im übrigen noch immer begeistert. Ich sah ihn also erst zehn Jahre später wieder – wir führten nur einige Telefongespräche Gassin-London-Paris über Projekte, aus denen leider nichts wurde.

Nachdem er mich also an jenem Tag wie einen Kleidersack über alle Avenues von Paris und die Champs-Elysées geschleppt hatte, deponierte er mich schließlich auf einem Stuhl, und wir aßen zusammen mit zweien seiner Freunde zu Mittag. Er aß wie ein Wolf, lachte wie ein Riese, und wir beendeten den Nachmittag in seinem Appartement im „George V", in dem er nach manchen Verwüstungen in anderen Pariser Luxushotels gelandet war. Er schritt auf und ab, sprach über Shakespeare, über die Speisekarte des Hotels, die Dummheit der Presse, jemandes Melancholie, und ich könnte keinen einzigen seiner Sätze wiederholen. Ich blickte ihn fasziniert an. Ich glaube, kein Mensch auf der Welt vermittelt so wie er den Eindruck des Genies, weil ihm in solchem Maße etwas Übergroßes, Lebendiges, Schicksalhaftes, Endgültiges, Desillusioniertes und Leidenschaftliches innewohnt. Ich erlebte nur einen Augenblick der Panik, als er plötzlich meinte, wir sollten gleich anschließend nach Valparaiso fliegen. Ich stand also auf und ging schon zur Tür, um meinen Reisepaß zu holen (zum zweiten Mal einen ehelichen Haushalt, ein Kind, einen Hund, eine Katze im Stich lassend, nicht in schuldhafter Absicht, sondern einfach, weil Welles unwiderstehlich war und selbst sein geringfügigster Wunsch natürlich erfüllt werden mußte). Gott sei Dank oder verflixt noch mal klingelte da das Telefon, er wurde daran erinnert, daß er nach London fahren mußte, und Valparaiso fiel ins Wasser oder blieb, wo es war.

In der Woche darauf, noch unter Schock stehend, ließ ich mir – wobei mir *L'Express* behilflich war, für den ich damals Filmkritiken schrieb – alle seine Filme vorführen. Innerhalb weniger Tage sah ich die vier Filme von ihm, die ich noch nicht kannte, sah ich die anderen wieder, und ich gestehe, ich verstand nichts mehr. Ich verstand nicht, wieso die Amerikaner ihm nicht mit Vertragsangeboten zu Füßen lagen, wieso die französischen Produzenten, denen man damals eine solche Risikofreudigkeit nachsagte, nicht zu ihm in die englische Provinz eilten. Es hätte ihnen ja freigestanden, ihm zwei Wächter beizugeben, falls ihn (was, wie es hieß, schon passierte) plötzlich die Lust ankam, die Dreharbeiten im Stich zu lassen und sich nach Mexiko aufzumachen.

Ich sah einiges im Verlauf dieser Woche: die aufgedunsene Leiche des durch die Polizei korrumpierten Captain schaukelt unter einer Brücke zwischen Wasser und Abfällen hin und her. Marlene Dietrich sieht ihn. Der redliche Anwalt fragt sie: „Trauern Sie ihm nach?“ Sie antwortet: „He was a kind of a man“ (Er war jemand). Die Generalin betrachtet das Foto des Mannes, den sie geliebt hat und der sie bestohlen hat und bald töten wird. „Was halten Sie von ihm?“ – „He was a kind of a man.“ Joseph Cotton, körperlich behindert, von dem Mann sprechend, der ihn verraten und verjagt hat und der sein bester Freund war: „He was a kind of a man.“ Genug davon. Doch als ich alle diese Filme von Welles hintereinander sah, glaubte ich überall die gleiche Obsession zu erkennen: die des Temperaments. Welles liebt einen Typ von Mensch, zweifellos den seinen: aggressiv, zärtlich, intelligent, unmoralisch, reich. Von sich selbst besessen und erschöpft, Naturgewalt, andere unterwerfend, terrorisierend, nie verstanden und sich nie beklagend. Sich übrigens wahrscheinlich nicht darum kümmernd. Der junge und skrupellose Kane, der stolze Arkadin, der finstere Othello, alle Ungeheuer, alle Einzelgänger: Preis der Intelligenz auf ihrem Höhepunkt. Nur in einem Film hat er die Rolle des Opfers gespielt: in *Die Lady von Shanghai*. Die Rolle des Ungeheuers hatte er Rita Hayworth überlassen: er muß sie geliebt haben.

Nur wurde diese erhabene Einsamkeit drückend. Um leben zu können, mußte Welles alberne Rollen spielen; man hatte ihm seine Waffe geraubt: seine Kamera. Eine Armee kleiner Leute mit Brille und Druckbleistift, von Buchhaltern und Produzenten war gekommen, um Gulliver zu Boden zu stürzen, der an anderes als an diese Liliputaner zu denken hatte. Er brach unter der Last fast zusammen. Da drehte er *Im Zeichen des Bösen*; eine besonders schöne Szene, eine von dreißig anderen, fiel mir auf, die, in der er der Frau wiederbegegnet, die wie er ein schönes Ungeheuer gewesen war: Marlene. Sie sagt zu ihm, er sei dick und häßlich geworden, sehe nach nichts mehr aus, sie sagt zu ihm, er habe seine Zukunft schon hinter sich, und da findet zum ersten Mal in seinen Filmen so etwas wie Mitleid statt. Sie bläst den Rauch durch die Nase aus wie im *Blauen Engel*, und er hat den Blick des schon verwundeten Stiers vor dem Todesstoß. Wo war Kane geblieben, der junge schwarze und zornige Stier, der in den Arenen Amerikas Schrecken verbreitet hatte? Was hatte man ihm angetan? Was hatte er sich angetan? Ich war nicht auf dem laufenden, vermochte es nicht zu sagen. Ich wußte nur, daß alle seine Filme nach Talent förmlich rochen und man sich fragen konnte, wer der oder die „Ausgepumpten“ waren.

Dann kam immerhin noch *Der Prozeß*, dem zahlreiche Artikel über Welles' Technik, seine Maßlosigkeit, seine Brutalität etc. folgten. Jeder kann, wenn er sich irgendeinen seiner Filme ansieht, dort die Poesie, die Phantasie, die Eleganz, kurz, alles finden, was das wahre Kino ausmacht. Mich persönlich interessieren seine Zwangsvorstellungen. Zum Beispiel das Geld: Welles hätte fabelhaft reich sein sollen. Das wäre er sicherlich gern gewesen. Man erinnere sich jener Szene in *Herr Satan persönlich*: Der junge Mann rennt durch die Straßen, er muß an einem Heiligabend Gänseleberpastete auftreiben, um dem absurden Verlangen eines alten Mannes nachzukommen, den er retten will. Er stolpert über einen Rolls-Royce, den von Arkadin, der ihn töten will, ihn aber liebenswürdig in ein großes Restaurant geleitet, wo fünfzehn Diener sich beeilen, Herrn Arkadin eine Gänseleberpastete zu bringen. Man erinnere sich der Bälle bei den Ambersons, des Picknicks von Kane, der Rolls-Royce-Wagen, der Schlösser, Flugzeuge, Yachten, Feste, der Hunderte von Lakaien, Sekretären, dienstbaren Geister. Wie schade! Wie schade, daß Welles nicht das Geld seiner ersten Erfolge in Shell-Aktien oder Snackbars angelegt hat, wie schade, daß er in der Welt umhergeschweift ist und dabei das Geld zum Fenster hinausgeworfen hat. Wie schade, daß er in nichts anderes als sein jeweiliges Vergnügen investiert hat ... Ich sage dies ohne Ironie. Denn dann hätte er, außer den Rolls-Royce-Limousinen, eine eigene Produktionsfirma, und wir würden alle drei Jahre ein Meisterwerk zu sehen bekommen ... Wie schade für uns und gewiß auch für ihn, aber andererseits – welch erhabenes Schicksal dieses genialen Menschen, der von einem Tag zum anderen lebt, in Paris vorbeikommt, um bei Mitterrand eine Auszeichnung in Empfang zu nehmen, auf sein amerikanisches Landgut zurückkehrt, um seine Arthritis zu kurieren, Werbefilme dreht für lächerliche Summen. Wie souverän zeichnet sich die Silhouette dieses großen Mannes ab, der dazu verdammt ist, unter Halbzwergen ohne Phantasie und Seele zu leben, und ihnen aus erhabener Verachtung gerade das Nötige zum Essen und Trinken abringt. Man wird nie einen Film über Welles drehen können, das hoffe ich zumindest, denn kein Mensch auf der Welt hätte seine Statur, sein Gesicht und vor allem in den Augen nicht diesen besonderen, nie besänftigten herrischen Glanz des Genies.

# Das Theater

Ich wurde Bühnenschriftstellerin aus einem ganz natürlichen und einfachen Grund: ich wollte meine Umgebung unterhalten. Ich hatte in jenem Winter ein reizendes Haus gemietet, sechzig Kilometer von Paris entfernt, um dort eine meiner Abstinenzperioden zu absolvieren: kein Pariser Leben, keine Nachtclubs, keinen Whisky, keine Abenteuer, keine Festivitäten. Es leben Lektüre, Kaminfeuer, gute Musik und philosophische Diskussionen. In regelmäßigen Abständen erschütterten und erschüttern diese Krisen immer wieder mein Leben oder vielmehr verlangsamen vorübergehend seine Erschütterungen. Diese spezielle Krise hatte sich aus der Abfassung meines dritten Buches ergeben, und ich war sehr egoistisch mit meinen auf den letzten Seiten schmorenden Romanpersonen entflohen, hatte weder die letzten Herbstblätter noch die ersten Schneeflocken fallen sehen. Ich hatte nicht bemerkt, daß die Tage immer kürzer und die Gesichter meiner Freunde immer länger wurden. Als ich mir all dessen nach dem letzten Wort von *In einem Monat, in einem Jahr* bewußt wurde, sah ich um mich herum nur Niedergeschlagenheit, Liebeskummer, mystische Verwirrungen und andere Mißstimmungen, wie sie allen Altersstufen, besonders aber aufs Land verschlagenen Städtern eigen sind. Da der Anblick eines unbeschriebenen Blattes Papier und eines Federhalters bei mir auf Hand und Hirn noch immer stimulierend wirkte, schrieb ich sogleich die erste Szene des ersten Aktes eines Theaterstücks, wobei ich mit einem Gespräch zwischen einem Bruder und einer Schwester begann, die Winter und Schnee in einem Schloß in Schweden gefangen halten. Ich hegte zweifellos im stillen die Hoffnung, der Vergleich zwischen dem Schicksal dieser Figuren und dem ihren werde meine Freunde in optimistischere Stimmung versetzen. Nun, auf jeden Fall brachte sie dieser Aktbeginn zum Lachen. Und hier kann nicht von einem Gefälligkeitslachen die Rede sein. Ich hatte immer sehr liebe, aber auch unerbittliche Freunde, die von meiner Schreiberei nicht sonderlich beeindruckt waren. Ich mußte aus diesem Kreis stets eher mit bissigen Kommentaren als mit Bewunderung rechnen, und diesen ehrerbietigen und begeisterten Hof von lobhudelnden Schmarotzern, den man mir bisweilen angedichtet hat – ich gestehe, es gab schon Tage, da habe ich ihn mir wirklich erträumt.

Ich habe übrigens gelogen, als ich sagte, dies seien meine Anfänge als Dramatikerin gewesen. Ich erinnere mich jetzt, schon als Zwölfjährige meine Mutter mit dem Vorlesen historischer Stücke bis ins Bett verfolgt zu haben.
Das hörte sich dann so an:

DER KÖNIG
Man werfe ihn ins Verlies!

DIE KÖNIGIN
O Herr, Erbarmen! Ihr habt nicht das Recht ...

DER GEFANGENE
Genug des Mitleids, hohe Frau. Ich werde zu sterben wissen, wie ich lebte: aufrecht.

DER KÖNIG (hohnlachend)
Aufrecht! Ha-ha! Auf Knien im fauligen Stroh!

DIE KÖNIGIN
Herr und Gebieter, Ihr seid kein grausamer

Mensch, das weiß ich ... Wie könnt Ihr nur ... etc.

Meine Mutter, obwohl die Höflichkeit in Person, schlief nach einer halben Stunde solch ritterlich-erhabenen Geschehens langsam ein. Ich sah, wie ihr Blick verschwamm und den Augen dann die Lider zu Hilfe kamen. Dann seufzte ich und ging davon mit einem Gefühl halb Mitleid, halb Rührung: gewiß, es war ein etwas starker, harter, gewalttätiger Text, und es war vielleicht nicht klug von mir gewesen, ihn meiner Mutter nach einem üppigen Diner einfach so an den Kopf zu werfen, sie so unversehens mit der ganzen Wucht und Kraft der Literatur und des Dramas zu konfrontieren. Nach meinem Gefühl war sie übrigens nicht einfach eingeschlafen, sie hatte sich gewissermaßen in den Schlaf geflüchtet, um der Wortgewalt zu entrinnen, die sie bei ihrer Tochter nicht vermutet hatte. Eines Tages, ganz bald schon, würde sie im dritten Rang vor Rührung weinen, während gleichzeitig Tout-Paris vor Bewunderung erstarrt dasaß. Ich legte mich mit jetzt schon aufgelöstem Haar auf dem weichen Kopfkissen zu Hause nieder und schlief fast sofort ein, aber nicht ohne an den zweiten Akt gedacht zu haben.

Doch in jenem Winter hatte ich schon den Anfang einer „literarischen Karriere" hinter mir, wie man so sagt. Ich hatte zwei Bücher veröffentlicht, ein drittes gerade beendet, und wer konnte mich daran hindern, vom Theater zu träumen? Natürlich niemand. Und es war auch niemandes Schuld, daß ich anschließend mit meinem Kabriolett einen Purzelbaum schlug, daß man mir die Letzte Ölung verabreichte und daß ich mich dann sechs Monate lang nur in Bandagen zeigen konnte.

Bei dem, was jetzt kommt, spielte der Zufall mit. Jacques Brenner vom *Cahier des Saisons* bat mich ein Jahr später um einen unveröffentlichten Text, und aus reiner Faulheit schickte ich ihm, was ich gerade zur Hand hatte, nämlich den Anfang dieses schwedischen Akts. Er brachte diese wenigen Seiten in seiner Zeitschrift, und André Barsacq, damals Direktor des Théâtre de l'Atelier, stieß zufällig darauf, als er in der Bahn das Heft las. Die Sache gefiel ihm so sehr, daß er mich in Paris anrief. Das Projekt war inzwischen zwei Jahre alt, und ich war zunächst verblüfft, als er davon wie von einer Entdeckung sprach. Er suchte mich auf, sagte, diese dreißig Seiten seien sehr gut, aber es fehlten dazu noch hundert weitere – es fehlten ein Mittelteil, ein Ende, ein Handlungsknoten und dessen Auflösung, kurz, alles Dinge, an die ich damals überhaupt nicht gedacht hatte, weil es mir nur darum gegangen war, meine traurigen Freunde aufzuheitern. Ich reiste also in die Schweiz, an einen trostlosen Ort, falls es dort einen solchen überhaupt gibt, und zwischen zwei Chalets und drei Gasthäusern, zwischen Schneefällen und Fondues, Zehntellitern Wein und Tafeln weißer Schokolade fand ich plötzlich als einzige Rettung nur die Idee dieses inzwischen auch für mich zum Symbol gewordenen Stücks: ich war gleich meinen Helden eingeschneit, zusammen mit höchst lebensfrohen, sportlichen Leuten mit roten Nasen und atemberaubender Après-Ski-Ausstattung. Ich war festgehalten, fern von jeglicher großen Welt, und fühlte mich sehr frei. Ich schrieb also in drei Wochen *Ein Schloß in Schweden* und telefonierte während dieser Zeit häufig mit Barsacq – es waren lange, oft sehr ausgelassene Gespräche. Ich entdeckte weniger die Schwierigkeiten als vielmehr die Leichtigkeiten des Theaters. Auf seinen Schienen gleitet man zwangsläufig dahin: es gilt, die Einheit von Zeit und Ort zu beachten, man darf nicht aus der Handlung aussteigen, wenn man das Publikum nicht verärgern will, man muß schnell sein, und man darf sich nicht in sentimentale Träumereien verlieren, sondern muß auf eine Lösung des Knotens zusteuern. Dieser Zwang, einfühlsam, empfindsam und überzeugend zu sein, all dies schien mir einem gewissen, in meinem Schriftstellertalent enthaltenen Ehrgeiz zu entsprechen. Wie es scheint, hielt man das Schreiben von Novellen und Theaterstücken immer für schwieriger als das Schreiben von Romanen – bei ersteren setzte man eine subtilere Kunst, bei letzteren eine genaue Kenntnis eines speziellen Metiers voraus. Nun, was mich persönlich betrifft, so hatte ich immer den Eindruck, daß die Novellen bei mir einem gewissen Mangel an Atem und die Stücke einem Hang zum Dialog entsprechen. Novellen und Theaterstücke gehen von Personen aus, die man sofort darstellt, diese Personen bringen eine Handlung in Gang, die man auch sehr schnell abrollen läßt und die zu einer nach den ersten Reden und Gegenreden ebenso unvermeidlichen wie vorhersehbaren Auflösung führt. Der Roman dagegen wandert von einer Ungewißheit zur anderen, von einer angedeuteten Möglichkeit zur anderen, und die Personen wandeln sich. Kurz, der Roman genießt alle gefährlichen und verführerischen Freiheiten, erlaubt sich alle Abschweifungen, die man bei einer kurzen Erzählung oder bei einem dramatischen Ablauf vermeiden muß. Sagen wir es so: Novellen und Theaterstücke sind Axiome, und der Roman ist ein ungeheures und komplexes Theorem.

Kurz, ich schrieb *Ein Schloß in Schweden*, Barsacq inszenierte es, und es wurde ein Erfolg. Ich wohnte den Proben mehrmals bei, zum Schluß praktisch jeden Tag, weil es mich faszinierte, meine Worte, meine Gedanken, meine Dialogreden von menschlichen Stimmen gesprochen zu hören. Ich sah, wie Sébastian in Claude Rich Gestalt annahm, Hugo in Philippe Noiret, Eléonore in Françoise Brion etc. Ich betrachtete verwundert diese Menschen, die mir nichts schuldeten und die sich, so empfand ich es, den Launen meiner Phantasie beugten. Ich war ihnen dafür sehr dankbar. Und ich muß sagen, daß ich noch immer dieses Erstaunen und diese Dankbarkeit empfinde, wenn ich sehe, wie erwachsene Menschen meine Worte, meine mehr oder weniger komischen oder tiefsinnigen Überlegungen artikulieren vor einem gewissermaßen als erwachsen geltenden Publikum, das sich auf jeden Fall die Mühe gemacht und einiges bezahlt hat, um sich das alles anzuhören. Ich glaube nicht, daß sich ein Autor je an so etwas ganz gewöhnt. Was mich betrifft, so erinnere ich mich, meine Dialoge oft nach einem regnerischen Nachmittag, infolge eines Whiskys zuviel oder einer persönlichen und suspekten Inspirationskrise, geschrieben zu haben, und ich glaube, daß die Überzeugungskraft, die Schauspieler, ob alte Hasen oder nicht, gebrauchen, wenn sie diese Worte laut aussprechen, die ich gewissermaßen nur mit leiser Stimme geschrieben habe, ebenso sehr von Hingabe wie von Unbesonnenheit herrührt.

Ich entdeckte also in jenem Jahr die Reize des Bühnenerfolgs – einmal Beifall, einmal Schweigen –, den Reiz eines Publikums, das ich liebte, weil es meine Stücke liebte. Ich nahm entzückt das öffentliche Gerücht zur Kenntnis: „Und außerdem kann sie auch Stücke schreiben!“

Ich hatte inzwischen Bekanntschaft mit Le Théâtre gemacht, einem roten, schwarzen und goldenen Theater mit Vorhängen, Blumen, Champagner, lautem Gebrüll, Überraschungen und erhabenen Augenblicken, all das vereint bei einer einzigen Frau, Marie Bell, bei der übrigens all das immer vereint ist. Eines schönen Morgens sprach mich Marie Bell bei einem Friseur an. Unter der Haube heraus befahl sie mir mit dröhnender Stimme – sie konnte sich selbst ja nicht hören –, ihr für ihr Théâtre du Gymnase ein Stück zu schreiben. Ich sagte auf der Stelle zu, erlangte auf der Stelle die Angewohnheit, zu Marie nur ja zu sagen. Und wer sie kennt, wird sich nicht weiter darüber wundern. Dem, der sie nicht kennt, sei gesagt, daß sie braune Haare hat, schön ist, aggressiv, mit flinken Augen und einem derben Humor ausgestattet. Ihm sei ferner gesagt, daß ihr Texte von Racine so selbstverständlich sind wie das tägliche Brot und daß sie Prostituierte ebenso überzeugend auf die Bühne stellt wie Kaiserinnen. Ich schrieb also für sie ein Stück mit dem Titel *Les violons parfois*, das wir drei Monate lang in ihrem prachtvollen Theater probten mit Pierre Vaneck und einem englischen Regisseur, an dessen Namen ich mich nicht mehr erinnere, den Marie Bell aber sichtlich in Schrekken versetzte. Am Tag der Premiere erschien mir das Publikum weniger aufmerksam als bei *Ein Schloß in Schweden*. Ich hatte mir im übrigen auf Maries Rat hin bei einem der Starfriseure jener Tage ein kompliziertes Make-up machen lassen, und als ich mich ganz tief in meiner Loge versteckt hatte, verschmierte ich mir, da mir die Schminke in den Augen brannte – ebenso wie natürlich die Unruhe –, das Gesicht so sehr mit Schwarz und Zinnoberrot, daß mich in der Pause mehrere mir nicht ganz unbekannte Personen nach ihrem Platz fragten, mir ein paar Francs in die Hand drückten und mir ihre Garderobe anvertrauten. Ich flüchtete zu Marie, die, obwohl sie die Katastrophe kommen sah, mit dem Fuß aufstampfte und zum bösen Spiel gute Miene machte – ehe sie sich in den zweiten Akt stürzte, der unseren ersten Eindruck nur bestätigte: es war ein totaler Durchfall. Der reine Zufall wollte es, daß das Gymnase abwechselnd mit unseren *Violons parfois* auch *Adieu prudence* von Barillet und Grédy spielte und wir dank diesem Alternieren den Theaterzettel mehrere Monate lang aushängen lassen konnten, obwohl das Stück, glaube ich, nur siebzehnmal gegeben wurde. Nachdem uns an jenem peinvollen Premierenabend alle üblichen Beweise der Freundschaft, der Zuneigung und des Mitgefühls – ja bei einigen sogar unbändige Freude – zuteil geworden waren, begaben wir uns am nächsten Morgen zum Zeitungskiosk an der Etoile, um über unser Schicksal informiert zu werden. Wir standen vor dem Arc de Triomphe unter einer Laterne, und Marie, die ihre Brille vergessen hatte, bat mich, ihr sämtliche Rezensionen vorzulesen – *Figaro, Aurore* etc. Ich versuchte, während ich las, die ihr abträglichen Passagen auszulassen und eher die Kritik an mir zu betonen. Aber das half nichts, sie wollte alles wieder und wieder vorgelesen haben, und das alles war katastrophal. Doch je länger ich vorlas, desto mehr mußte sie lachen – es war ein Lachen, das sie plötzlich zwischen zwei Abqualifizierungen wie „Abscheulicher Text ... Unmögliche Darsteller ... Keinerlei Inszenierung ... Lustloses Spiel" angefallen hatte und dann nicht mehr losließ. Und mit dem sie mich natürlich ansteckte. Obwohl sie eigentlich keinen Grund zum Lachen hatte, denn schließlich war es ihr Theater, ihr Geld, ihre Rolle; für sie war das alles vielleicht viel schwieriger als für mich.

Doch dieses herrliche, unwiderstehliche und schallende Lachen, das Phädra neben mir in ihrem Mercedes schüttelte, deutete ich als Zeichen einer unverbrüchlichen Freundschaft. Man erwirbt sich nach einem Durchfall in einer Theatergruppe selten Freunde. Ich hatte dieses Glück, genieße es heute noch, bei der Gelegenheit dieses ersten Durchfalls eine meiner besten Freundinnen gewonnen zu haben.

Mein dritter Versuch war ein Erfolg. Ich lernte Danielle Darrieux durch *Valentine* kennen, ein Stück, das ich, ohne es zu wissen, für sie geschrieben hatte. Am ersten Probentag betrat sie die Bühne, und da war sie schon Valentine, ohne daß Jacques Robert – ein ausgezeichneter Regisseur – oder ich ihr irgendwelche Hinweise hätte zu geben brauchen. Ich freute mich schon im voraus, ohne mich um das weitere Schicksal dieses Stückes zu kümmern: ich sah zwei glückliche Monate vor mir, und so wie man das Spiel lieben muß, muß man auch das Theater lieben, um es zu verstehen. Die besondere Atmosphäre bei den Proben, der Geruch frisch zersägten Holzes, der von den Kulissen ausgeht, das Durcheinander am Anfang, die Aufregung, der Zorn, der Optimismus, die Verzweiflung, alles das ist oft genug von diesem oder jenem geschildert worden, so daß ich dem nichts mehr hinzuzufügen brauche. Gesagt sei nur noch, daß es Herbst war und daß es in Paris schön war und daß es immer wieder einmal regnete, daß aber für mich das Wetter beständig war, da es alle Tage nur sechs Stunden lang existierte; zur gleichen Zeit und in vollkommenstem Schwarz. Es gab nur im Dunkeln wartende Sessel, auf denen zwei oder drei Schattengestalten in dem großen Raum verstreut Platz nahmen, mit jenen bleich aufleuchtenden Zetteln, die man dann zerknüllte, und, auf der Bühne auf und ab gehend, souverän und irreal, meine Valentine: die Darrieux, die ihre Entwicklung zur Lösung hin spielte. Es gab die Pausen, in denen man in seiner Loge ein Glas trank, es gab die heiteren Tage, an denen alles gutgegangen war und man das anschließend in einem Paris begoß, das völlig fremd und anonym geworden war. Nach der Anspannung der Proben begegneten wir fremden Menschen, mit denen wir im Verlauf von drei Minuten gut Freund wurden, wenn wir auch wußten, daß wir sie nachher ebensoschnell wieder vergessen würden. In unseren infernalischen Kreis drang nur ein, wer zu unserem Stück, unserem Schauspiel, unserem Werk eine Beziehung hatte. Wir waren Fanatiker, gewidmet dem Martyrium oder dem Triumph, Anhänger einer allen anderen unbekannten Religion, deren Psalmen wir auswendig kannten und die aus uns die in sich geschlossenste Minderheit machte, die man sich vorstellen kann. Selbst unsere Ehegatten, der Danielle Darrieux' und der meine, waren in diesen Sog hineingeraten und kannten das Stück, glaube ich, genauso gut wie wir. Ab und zu, außerhalb des Theaters, sprach Danielle Darrieux wie Valentine, dachte sie wie Valentine, und das versetzte uns immer wieder in Erstaunen. Am Tag der Premiere wußte ich, daß das Publikum sie lieben würde; und es liebte sie in der Tat.

*Ein Schloß in Schweden*, *Les Violons parfois*, *Valentine* – ich wurde mir bewußt, daß ich, von einem glanzvollen schwedischen Schloß ausgehend, über eine behäbige Provinzwohnung in ein armseliges Hotel im XIV. Arrondissement abgestiegen war. Ich beschloß, wieder hinaufzusteigen und emigrierte nach St. Petersburg in das Stadthaus eines ruinierten, aber prunksüchtigen Grafen. Ich schrieb *Bonheur, impair et passe*, und mit auf die Reise nahm ich sehr gute und fröhliche Freunde, Juliette Gréco, Jean-Louis Trintignant, Daniel Gélin und den sehr teuren, sehr begabten und sehr charmanten Michel de Ré. Alice Cocéa, deren, glaube ich, erste Bühnenrolle dies war, spielte die Mutter und Schwiegermutter dieser kleinen Gesellschaft. Was mich betrifft, so spielte ich in einem Anfall von Paranoia den Regisseur. Am Ende einer verworrenen, aber nicht ohne Auswirkung bleibenden Diskussion hatte ich irgendeinen unglücklichen Gesprächspartner davon überzeugt, daß die Inszenierung eine noch recht neue, stark überschätzte, seit dreißig Jahren viel zu hoch in den Himmel gehobene Kunst sei und daß sich in früheren Zeiten weder Molière noch Racine um so etwas gekümmert hätten! Und daß Jean Anouilh der beste Beweis dafür sei, da er jede seiner Komödien ganz hervorragend selbst auf die Bühne bringe. Ich hatte erklärt, die Arbeit des Regisseurs werde zur Zeit maßlos überbewertet. Und um den Beweis dafür anzutreten, wollte ich meinerseits diese sakrosankte Verantwortung übernehmen. Ich überzeugte meinen Gesprächspartner davon und – leider – auch mich selbst. Und so standen wir, alle meine Darsteller und ich, eines schönen Herbstnachmittags auf der Bühne des Théâtre Edouard VII ohne andere leitende Hand als die meine.

Ich hatte im Grunde vielleicht nicht ganz unrecht gehabt, aber ich hatte mir etwas vorgemacht, was mich selbst betraf. Ich hatte drei Dinge nicht berücksichtigt – erstens: Jean Anouilh verfügte über Autorität; zweitens: er faselte nicht herum; drittens: er sah in seinen Interpreten nicht die Gefährten von Festivitäten. Ich sehr wohl. Bei allem Talent, allem guten Willen und allem ehrlichen Bemühen aller Beteiligten gerieten wir durch meine Schuld recht bald ins Schwimmen. Das Théâtre Edouard VII ist bekanntlich in einer Sackgasse gelegen, zwischen zwei Lokalen, der „Bar du Cyros“, die ansprechend ist, und einer russischen Restaurant-Bar, die nicht weniger ansprechend und ständig geöffnet ist. Schon sehr bald lebten wir von Piroschki und Wodka (ausgezeichnet, der Wodka, für unentschlossene Regisseure), und wir begannen, aus gar keinem Grund zu lachen. Ich habe selten ein solches Durcheinander, soviel Liebesgeflüster, irres Lachen und Hin und Her erlebt wie in den Kulissen des Théâtre Edouard VII während dieser zweimonatigen Probezeit. Noch heute verspüre ich, wenn ich an dieser Sackgasse vorbeikomme, ein Gefühl der Leichtigkeit, der Belustigung, dem, ich gestehe es offen, nicht die geringste Reue innewohnt. Und doch... und doch war ich daran schuld, daß meine Schauspieler ihre Zeit und meine Produzentinnen (zu Marie Bell hatte sich noch Claude Génia gesellt) ihr Geld verloren und ich selbst den Ruhm und die Tantiemen für ein im übrigen recht reizvolles Theaterstück.

Meine kolossale Inszenierung erreichte, um ein Beispiel zu geben, ihren Gipfel an dem Nachmittag, als sich Juliette Gréco bei den Proben für die Künstler-Gala beim Absteigen von einer Strickleiter den Fuß verstauchte. Nun sollte sie, meinen Anweisungen gemäß, noch am gleichen Abend in meinem Stück, im zweiten Akt, zu Michel de Ré gehen, der in einem Rollstuhl saß, und zu Jean-Louis Trintignant, der den einen Arm in der Binde vor der Brust trug, alles infolge eines Duells. Als sich jetzt herausstellte, daß Juliette auch noch, das Bein ausgestreckt, auf einem Sofa auftreten sollte, zwischen diesen beiden Invaliden, war ich ratlos.

Hinzugefügt sei noch, daß ich am letzten Probenabend auf einen jener besserwisserischen Unbekannten stieß – wie sie sich immer am Tag vor einer Generalprobe in den Theatern herumtreiben –, einen Unbekannten, der sich nicht nur als besserwisserisch, sondern auch als hörgeschädigt erwies. „Kaum was zu hören, wie?" sagte er düsteren Tons zu mir nach der letzten Tonprobe. „Und morgen wird man wohl kaum mehr verstehen." Warum habe ich ihm geglaubt? Ein Rätsel. Jedenfalls schlug ich mir zusammen mit einem Toningenieur und eifrig bemühten Elektrikern die Nacht um die Ohren, bis eine als ultramodern geltende Lautsprecheranlage eingebaut war. Der Ingenieur mußte in der Eile ein winziges Detail übersehen haben, denn bei der ersten Probe am nächsten Morgen begannen, sowie man nur den Mund aufmachte, die Lautsprecher zu pfeifen, daß wir erstarrten. Wir hätten, das war meine Ansicht, auf die ganze Anlage verzichten sollen, aber da ich sie angesichts der klugen Zurückhaltung meiner Produzentinnen aus eigener Tasche bezahlt hatte, wollten meine Darsteller von einem Abschalten nichts wissen; ich sollte mich nicht umsonst in Unkosten gestürzt haben. Die Generalprobe verlief in einer eigenartigen Atmosphäre, als wäre das Theater eine Art Raumschiff gewesen, mit Hintergrundgeräuschen à la *Krieg der Sterne*, sehr modernen Brumm- und Pfeifgeräuschen, die gar nicht zu einer Handlung paßten, die um 1900 in St. Petersburg spielte. Ich sah, wie geladene Gäste hinausgingen, einer schüttelte den Kopf wie ein scheuendes Pferd, einer hatte beide Zeigefinger in den Ohren, einer mußte heftig und mühsam schlucken. In den Kritiken schlug sich das natürlich nieder, und das Stück fiel wieder einmal durch.

Hinzufügen möchte ich, daß dank der Kunst jedes einzelnen meiner Darsteller der Durchfall immerhin drei Monate lang vor relativ zufriedenem Publikum gespielt wurde (man hatte die Lautsprecher schließlich entfernt). Und es waren drei sehr schöne Monate, da ich es für meine Pflicht hielt, diese durch meine Fahrlässigkeit geschlagenen Heerscharen zu unterstützen. Und zu diesem Zweck ging ich weiterhin mit ihnen zu Piroschki und Wodka, was unsere Gesellschaft zweifellos zur zwar abgeschlafftesten, aber auch lustigsten Truppe von Paris machte.

Meine Produzentin Nummer eins, Marie Bell, war weniger lustig. Sie war während der Proben nicht in Paris gewesen und hatte weder bei der Auswahl der Darsteller noch bei der Bühnenausstattung ein Wort mitreden können, und sie ist eine Frau, der so etwas gar nicht gefällt. Gerade zu den letzten Proben zurückgekehrt, blickte sie mich verwundert an – bis zur Generalprobe, da blickte sie mich zornig an. Nach diesem Science-fiction-Festival bestellte sie mich in ihr Büro, wo sie und Claude Génia schon stehend, zwei Parzen gleich, meiner hinter dem Schreibtisch harrten.

„Bist du mit dir zufrieden?“ fragte mich Marie Bell, als ich mit beklommmener Miene eintrat. Ihre Stimme klang stürmisch (und dabei hatten sie das Spektakel nur von ihrem Büro aus mitangehört und mußten dieses schreckliche, aus einer anderen Welt stammende Pfeifen nur ihrem Lautsprecher zugeschrieben haben).

„Halb und halb“, erwiderte ich vorsichtig.

„Und was gedenkst du jetzt zu tun?“ erkundigte sich Marie wütend und erhaben in ihrem engen schwarzen Kleid und unter ihrem schweren Geschmeide.

Ich machte auf gut Glück ein inspiriertes Gesicht. „Nun, ich habe gerade den Anfang des nächsten Stücks beisammen“, sagte ich kühl. „Der geht so: ‚Was verursacht dieses schreckliche Geräusch in den Zweigen, Soames?‘ – ‚Das ist der Wind in den Bäumen, Mylady.‘“

Ich hielt inne. Marie warf mir ausnahmsweise einmal einen ratlosen Blick zu.

„Und weiter?“ fragte sie, gegen ihren Willen.

„Das ist im Augenblick alles“, sagte ich. „Ich habe erst den Anfang. Aber man braucht nur die gleichen Darsteller zu nehmen“, fügte ich hinzu, „und die gleiche Ausstattung, die ist ja noch wie neu. Von diesem einen Stück . . .“

Doch da trat ich einen schnellen Rückzug an, ehe meine sanfte Marie ihr Glas nach mir warf.

Übrigens ging zwei Jahre später der Vorhang des Théâtre du Gymnase zur Generalprobe eines Stükkes hoch, in dem im Vordergrund eine Engländerin zu sehen war, die fragte: „Was verursacht dieses schreckliche Geräusch in den Zweigen, Soames?“ – „Das ist der Wind in den Bäumen, Mylady.“ Genauso und wie die Lügner sagen: Hat man die beiden ersten Sätze, hat man das ganze Stück. Dieses Stück war *Das ohnmächtige Pferd*, das recht gut ging und dem noch einige andere folgten, über deren unterschiedliches Schicksal ich mich hier nicht auslassen will, weil das langweilig würde. Gesagt sei nur noch, daß der schönste Durchfall meines Lebens der meines letzten Stükkes, *Tag und Nacht schönes Wetter*, war.

Als ich im Abendkleid das Haus verließ, begleitete mich mein Hund schwanzwedelnd zur Tür, und ehe ich sie noch hinter mir geschlossen hatte, wurde ihm plötzlich schlecht, und alles spritzte über mein Kleid. Ich zog mich im Galopp um, doch da ich jetzt schon spät dran war, behielt ich den Galopp auf der Fahrt durch die Stadt bei, und zwei Polizisten sorgten dafür, daß ich noch eine gute halbe Stunde mehr Verspätung bekam. Im Theater erfuhr ich dann, daß der Aufzug der Comédie des Champs-Elysées, der einen Teil des eleganten Tout-Paris beförderte, ausgeklinkt und zehn Meter in die Tiefe gestürzt war, meine Gäste durcheinandergeschüttelt und, wenn nicht ihre Gesundheit, so doch ihre Stimmung beeinträchtigt hatte. Während der Aufführung – es war sehr heiß – wurde eine Dame ohnmächtig, und mehrere Leute schliefen ein. Acht heldenhafte Menschen kamen am Schluß hinter die Kulissen, um mich zu begrüßen, und die Presse dementierte einstimmig ihre früheren Behauptungen bezüglich meiner dramatischen Begabung.

Wie jedesmal in solchen Fällen pfiff ich fröhlich gute zwei Wochen lang vor mich hin. Ein Durchfall im Theater ist, jedenfalls für mich, anregender als ein Erfolg, bei dem man doch nur bescheiden die Augen niederschlagen und, auf die Darsteller und den Regisseur deutend, sagen kann: „Es ist nicht mein, es ist ihr Verdienst. Nein, wirklich, Sie übertreiben ... Es freut mich so sehr, daß es Ihnen gefallen hat ... etc." Bei einem Mißerfolg dagegen muß man zunächst die um einen herumstehende, in Tränen aufgelöste Truppe daran erinnern, daß das nicht das Ende der Welt ist, daß die Situation im Tschad schlimmer ist und daß diese geschlossene Gesellschaft, in der man zwei Monate lang gelebt hat, zu Ende gegangen ist, ohne daß sich gleich die Hölle anschließt. Und den anderen gegenüber, den falschen Freunden, die sich im stillen über den Mißerfolg freuen – und da gibt es leider immer einige, gemäß den Gemeinplätzen des Pariser Lebens –, diesen gegenüber gilt es, Haltung zu bewahren. Hier begegnen die Regeln des Theaters denen des Chemin de fer und des Roulettes. Lächeln, leise vor sich hin pfeifen, sagen: „Na ja, das scheint nicht so ganz zu klappen . . . Ja, ja, so etwas kann passieren. Aber wissen Sie, es gibt Schlimmeres . . ." etc. Wieder einmal geht es so: indem man Sorglosigkeit demonstriert, empfindet man sie bald auch tatsächlich. Und schließlich – drei Monate der Anstrengung, der Aufregung, des Hin und Her, der ständigen Überlegung binnen anderthalb Stunden während einer Aufführung zunichte gemacht, darin liegt auch etwas Heroisches, Verrücktes, Ungerechtes, Romantisches, einfach etwas, auf das ich, glaube ich, genausowenig werde verzichten können wie auf das Spielkasino – ich werde also wohl dem Theater treu bleiben.

# Rudolf Nurejew

Wir waren in Amsterdam, einer Stadt, die ich nicht kannte, mit Nurejew verabredet, den ich auch noch nicht kannte. Es war Anfang März, und es goß wie aus Eimern auf diese friedliche Stadt und ihre Kanäle hinunter, und ich fragte mich leicht beunruhigt, was wir uns wohl zu sagen hätten, dieser berühmte Unbekannte und ich. Natürlich bewunderte ich ihn, aber es war eine Bewunderung ganz allgemein, nicht die spezifische des Ballettomanen. Ich verstand nichts vom Tanz, und meine Bewunderung galt also einfach seiner männlichschönen Gestalt und der Schönheit, die er bei seinen Pariser Auftritten ausgedrückt hatte. Ich hatte ihn ins Licht hineinlaufen sehen, hatte ihn einen triumphalen Sprung vollführen sehen, und ich hatte irgendwie empfunden, daß diese Sprünge, diese Pas schöner, kraftvoller, erhabener waren als die der anderen. Später, in der Nacht, war ich ihm in diesem oder jenem Lokal begegnet, dem beflügelten, schnellen, lässigen Fußgänger mit einem Wolfsgesicht und einem russischen Lachen. Er gehörte damals zur großen Familie der Nachtmenschen, und es war einfach gewesen, einige ebenso herzliche wie nichtssagende Worte mit ihm zu wechseln, wie sie unter Nachtmenschen üblich sind. Doch in Amsterdam, das so ruhig war und sich in seiner Ruhe auszuruhen schien, in der gedämpften und so ordentlichen Atmosphäre eines bürgerlichen Restaurants war ich einen Augenblick lang unfähig, eine Beziehung zwischen diesem jungen Mann von vierzig Jahren und mir herzustellen. Er war jedoch recht frohgestimmt, er lachte, er war so entspannt und liebenswürdig, wie man ihn eigentlich gar nicht kannte oder zu kennen glaubte, und mir wurde zu meinem Schrecken bewußt, daß *er* sich um einen Kontakt bemühte, wo das doch eigentlich *meine* Sache gewesen wäre. Gäste des Restaurants kamen an den Tisch und baten um ein Autogramm, und er schrieb seinen Namen hin, gefällig, aber mit einem sarkastischen Lachen und mit beißenden Bemerkungen, die mich einen Augenblick lang glauben machten, er könnte ein verbitterter Mensch sein. Nach einigen Taxifahrten und einigen vergeblichen Versuchen, uns ins Nachtleben zu stürzen, das es in Amsterdam nicht gibt oder zumindest für uns an diesem Abend nicht gab, fanden wir uns gegen 2 Uhr morgens in den Clubsesseln des Hotelfoyers wieder, müde, ein wenig enttäuscht, ohne zu wissen – was mich betraf –, ob das von ihm oder von mir herrührte. Und dann fragte ich ihn, glaube ich, ob er die Menschen liebe, das Leben, sein Leben, und da beugte er sich vor, um mir zu antworten, und dieses ironische und gleichgültige Gesicht wurde zu dem Gesicht eines arglosen Kindes, das sich nur mitteilen will, die Wahrheit sagen will, wurde zu einem sensiblen, klugen und offenen Gesicht, dem man alle Fragen stellen mußte und konnte.

Wir sind drei Tage in Amsterdam geblieben, haben drei Tage lang mit Nurejew zu Mittag und zu Abend gegessen und sind ihm gefolgt, ohne daß er seine leichte und ungenierte Art aufgegeben hätte, was angesichts der drakonischen Stundeneinteilung dieses verwöhnten Kindes der Gipfel der Höflichkeit war. Ich erinnere mich nicht mehr genau der Fragen, die ich ihm stellte, auch nicht mehr genau dessen, was er darauf antwortete, es müssen sehr allgemein gehaltene Fragen gewesen sein, aber seine Antworten, dessen bin ich sicher, besaßen jene eher seltene Präzision der Wahrheit. Ein Wort gebrauchte er immer wieder, das Wort „fulfil". „I want to fulfil my life", sagte er. Und zu dieser „Erfüllung seines Lebens" würde es, wie schon immer, den Tanz, das Tanzen geben, seine besondere Kunst. Er sprach von dieser seiner Kunst mit jenem respektvollen Bedacht, mit dem Wilde von ihren Totems sprechen. Nachdem Nurejew im Alter von sechs Jahren in seinem heimatlichen Sibirien einer Aufführung von *Schwanensee* beigewohnt hatte, beschloß er, Tänzer zu werden. Elf Jahre lang stand dies für ihn fest: ich werde Tänzer. In seiner Heimatstadt gab es keinerlei Tanzkurse, und er konnte sich der Öffentlichkeit nur bei folkloristischen Veranstaltungen vorstellen. Dann wurde man auf ihn aufmerksam, entdeckte man ihn, und er kam nach Leningrad oder nach Moskau, ich weiß es nicht mehr, wo er innerhalb von zwei oder drei Jahren das Einmaleins seiner Leidenschaft erlernen, alle ihre strengen Zwänge und unerbittlichen Mechanismen kennenlernen sollte. Drei Jahre lang kam er nicht zur Ruhe, drei Jahre lang hatte er keine Zeit, sich je hinzusetzen, auszuruhen, zu schlafen und so seine Muskeln sich entspannen zu lassen, langgliedrig und schlank zu werden, die elegante Schmalheit seiner Gefährten zu erwerben. Die Beine, die Schenkel, die Waden Nurejews sind sehr kräftig entwickelt, von einem Durchmesser, wie er bei einem Mann seiner Größe selten ist; sie vermitteln den Eindruck großer Kraft und verleihen etwas sehr Erdgebundenes diesem Körper, dessen Büste, Arme und Hals so leicht sind und so beschwingt zum Himmel emporschweben. Nach diesen drei Jahren wurde er anerkannt als der beste Tänzer ganz Rußlands, als der erste und einzige. Nur waren inzwischen seine Gefährten, die sich im fernen Europa herumgetrieben hatten, mit amateurhaften Filmen zurückgekehrt, mit hüpfenden 8-Millimeter-Kurzfilmen, auf denen sie aber aufgenommen hatten, was die anderen machten, was die anderen erfanden, alles das, was er, der Beste, nie kennenlernen würde, was ihn in seinem innersten Bewußtsein daran hindern würde, sich für gut und wahrhaftig für den Besten zu halten. Als Nurejew das Flugzeug bestieg, das ihn für immer von Moskau davontrug, träumte er nicht von Freiheit, von Luxus, von Ehrungen, sondern von Balanchine, von den Neuerungen, den Kühnheiten der Kunst Balanchines. Und deshalb glaube ich, daß selbst jetzt, wenn man ihm von seiner Mutter oder seinen Schwestern spricht, die er seit achtzehn Jahren nicht wiedergesehen hat, mit denen er nur telefonieren konnte, daß selbst jetzt, da sein Gesicht sich verschließt und er verstummt, wenn er nur an sie denkt, daß selbst jetzt er keinen Augenblick lang den damaligen Entschluß zur Ausreise bereut. Er ist das beste Beispiel für die naive und romantische und als so abgegriffen geltende Vorstellung, derzufolge die einzige Heimat eines Menschen, seine einzige Familie seine Kunst sei. Er hat seit achtzehn Jahren, seit seinem Eintreffen in Paris, nicht aufgehört, alle Möglichkeiten, welche die Musik seinem Körper bietet, auszuprobieren, auszuschöpfen. Er tanzt dennoch – und dies hervorragend – seit langem anerkannte Stücke, doch nur um Neues bieten, den Menschen eine neue, stets lebendige, oft schwierige Kunst näherbringen zu können, die vielleicht nur er einem ebenso konformistischen wie snobistischen Publikum gleichsam aufzuzwingen vermochte. Er eilt von Stadt zu Stadt, er ist der Mensch der Flugzeuge, der Hotels, der Eisenbahnzüge, er ist der Mensch, der nicht stehenbleibt, und sein Privatleben wie sein Körper gehorchen dem Rhythmus, den er ihnen auferlegt. Viele Freunde und keinen Freund, viele Liebschaften und keine Liebe, viel Einsamkeit, doch nie allein, da das einzige Gepäckstück, das er persönlich überwacht, ein Koffer voller Kassetten, ihn überallhin begleitet. Nurejew begibt sich abends in New York in ein Hotelzimmer, welches dem gleicht, das er am Tag zuvor in Berlin verlassen hat, und dem, das ihn am Tag darauf in London aufnehmen wird. Er streift die Schuhe von den Füßen, streckt sich auf dem Bett aus, lauscht den Geräuschen der Stadt und streckt dann die Hand aus, um auf einen Knopf zu drücken: Musik von Mahler oder Tschaikowski erklingt, und dieses Zimmer wird zu dem Zimmer seiner Kindheit, seiner Jugend; es wird warm und vertraut, wird zur Wiege seiner einzigen Träumereien.

Und dann mag das Publikum am nächsten Tag klatschen – er liebt den Beifall, braucht ihn und sagt das auch ohne jede falsche Scham –, es mag ihn hochloben oder herunterloben, verkünden, er sei der Größte oder er sei es nicht mehr, es mag, etwas gedämpfter natürlich, von seinen Eskapaden, seinen Skandalen, von seiner Arroganz sprechen – Nurejew ficht das nicht an. Die Realität, das sind für ihn nicht diese begierige und getreue Menge nebst den Gerüchten in ihrem Kielwasser, das sind nicht diese großen blinden und stummen Flugzeuge, die ohne Unterlaß die weiten Ozeane überqueren, das sind nicht diese Hotelzimmer, die einander gleichen, das sind nicht diese Betten, auf die er soundsoviel Kilogramm Müdigkeit, vermischt mit Schweiß und Schminke fallen läßt („dieses

Bett, der beste, treuste und zärtlichste Liebhaber", sagt er), die Realität, das sind für ihn die drei Stunden oder die sechs Stunden, die ihn jeden Nachmittag in einem jener unerbittlich identischen Studios inmitten jeder Stadt erwarten.

Eines Nachmittags haben wir ihn in Amsterdam bei den Proben beobachtet. Es war ein wassergrünes und kastanienbraunes Studio, düster und schmutzig, mit fleckigen Spiegeln und knarrendem Parkett, ein Studio wie alle Studios der Welt. Er trug alte, durchlöcherte Wollsachen um den Ballettanzug gewickelt, ein Plattenspieler kratzte ein Stück von Bach hervor. Er hatte innegehalten, als er uns sah, gerade so lange, um uns einen fröhlichen Gruß zu sagen und sich den Schweiß abzuwischen. Ich sah ihn, wie er sich den Nacken abwischte, den Oberkörper, das Gesicht abtupfte, mit eher groben und gleichgültigen Bewegungen, so wie Stallburschen ihre Pferde striegeln. Dann ließ er die Platte wieder neu auflegen und begab sich, nachdem er Halbhandschuhe und Wollsachen abgestreift hatte, in die Mitte des Raums, noch immer lächelnd. Die Musik setzte ein, und er hörte auf zu lächeln, nahm seine Pose ein, die Arme ausgebreitet, und betrachtete sich im Spiegel. Ich hatte noch nie einen Menschen sich so betrachten sehen. Man betrachtet sich normalerweise im Spiegel mit allen möglichen Gefühlen, entsetzt oder selbstgefällig, im allgemeinen eher ein wenig furchtsam, aber nie so, als betrachte man dort einen völlig fremden Menschen. Nurejew beobachtete seinen Körper, seinen Kopf, die Bewegungen seines Halses mit einer Objektivität, einer wohlwollenden Distanziertheit, die mir völlig neu war. Dann sprang er, dehnte seinen Körper aus, beschrieb eine vollkommene Arabeske, hatte schließlich ein Knie auf dem Boden, die Arme in herrlicher Pose ausgestreckt. Er hatte diese Figur mit katzenhafter Schnelligkeit und Anmut ausgeführt, im Spiegel fand sich das Bild von Männlichkeit und Grazie in einem einzigen Körper vereint wieder. Und während der ganzen Zeit dieser Probe, während sein Körper sichtbar dem Einfluß der Musik unterlag, sich von ihr durchtränken ließ, während er immer schneller, immer höher sprang, völlig hingerissen schien von der übrigen Welt unbekannten Göttern, die ihn in innere Träume entrückten, während dieser ganzen Zeit beobachtete er sich im Spiegel mit diesem gleichbleibenden Blick, dem Blick des Herrn zum Diener, dem Blick des Dieners zum Herrn, einem undefinierbaren, fordernden Blick, der bisweilen die Grenze zur Zärtlichkeit erreichte. Er begann noch zweimal, dreimal das gleiche Stück, und jedesmal war es anders, auf andere Weise schön. Dann hörte die Musik auf, endlich machte er sie verstummen mit einer jener absolut herrischen Gesten, wie sie Menschen eigen sind, die etwas anderes als das alltägliche Leben erfüllt, und er trat lächelnd auf uns zu, wischte sich mit den gleichen zerstreuten Bewegungen und Gesten jenen schweißtriefenden, zitternden, atemlosen Körper ab, der ihm als Werkzeug diente. Ich begann vage zu begreifen, was er meinte, wenn er von „fulfil“ sprach.

Danach gab es natürlich auch den Nurejew, der die Kais von Amsterdam entlangschlenderte, den ewig jungen Nurejew, der abwechselnd charmant und anspruchsvoll war, manchmal herzlich wie ein Bruder, manchmal verschlossen, bedrückt wie ein Fremder auf einem feindseligen Stern. Er besitzt Charme, Großmut, Sensibilität und Phantasie im Übermaß und hat deshalb fünfhundert verschiedene Profile, und wahrscheinlich existieren über ihn fünftausend mögliche psychologische Erklärungen. Und natürlich maße ich mir nicht an, sehr viel von diesem mit Genie begabten Wesen namens Rudolf Nurejew begriffen zu haben. Doch wenn ich diesen Menschen definieren oder, genauer gesagt, eine Attitüde angeben müßte, die ihn meines Erachtens definiert, eine symbolische Attitüde, so sehe ich diese vor mir: ein Mann, halb nackt in seiner Ballethose, einsam und schön, auf den Zehenspitzen aufgerichtet, und mit zugleich argwöhnischem und entzücktem Blick in einem trüben Spiegel das Bild seiner Kunst betrachtend.

## Saint-Tropez

Wir haben Mitte Juni. Ich sitze auf der Terrasse des Hôtel de la Ponche in Saint-Tropez, um 6 Uhr abends, auf der Schwelle zum Sommer also, aber unter einem grauen, bleigrauen Himmel ohne den leisesten rosigen Schimmer.

Ich habe die Füße auf einen Stuhl gehoben, damit sie nicht in einer Pfütze stehen. Auf den Knien habe ich ein Buch, in dem ich vergeblich seit einer Stunde immer wieder dieselbe Seite zu lesen versuche. Vor mir promenieren Passanten in jener lächerlichen Aufmachung eines verregneten Sommers: halb Shorts, halb Anorak, Passanten mit dem Gesichtsausdruck von zu Unrecht bestraften Kindern. Und auf dem kleinen runden Tisch zu meiner Rechten schmilzt ein Eiswürfel zu Ende in einer Zitronenlimonade, die nach wie vor lauwarm ist, lauwarm wie der Regen, der wieder zu fallen begonnen hat, sich mir aufs Haar, aufs Gesicht legt und mich schließlich zwingt, aufzustehen, um ihm zu entrinnen, so wie ich vor acht Tagen aus dem Bett aufstand, eines schönen Morgens oder vielmehr eines Morgens wie alle anderen, eines Morgens, als es regnete und regnete und die Passanten besorgt, enttäuscht und aufgescheucht blickten, eines Morgens, als die Stadt verbraucht und der Himmel anderswo war, eines Morgens, als ich die Flucht ergriff, kurz entschlossen – wie dies meine Gewohnheit ist – zum Meer hin, nach Saint-Tropez. Nur hatten sich zum ersten Mal in meinem Leben die Wolken bis Lyon nicht aufgelockert, bis Valence nicht gelichtet und bei den Maures-Bergen noch nicht verzogen. Zum ersten Mal in meinem Leben sah ich über dem Golf den gleichen Himmel wie über der Hauptstadt, sah ich auf dem Mittelmeer die gleichen bleigrauen Reflexe wie auf der Seine. Es hatte während der ganzen Fahrt geregnet, und es regnete jetzt noch; es hatte keinen Frühling gegeben, es würde keinen Sommer geben, und die melancholische Stimmung hatte mich begleitet auf den tausend Kilometern Fahrt der verschwundenen Sonne hinterdrein. Aber wir haben doch Juni und schreiben 1980: zwanzig Jahre trennen uns noch von dem berühmten Jahr 2000, das wir vielen Kassandrastimmen zufolge nicht schaffen werden, Opfer unserer Kenntnis von der Materie und unserer Unkenntnis vom Geist. Es ist durchaus möglich, daß infolge einer Kette von Irrtümern irgendein gewählter Allmächtiger oder auch ein kleines Würstchen, das den Kopf verliert, diese schöne Erde kaputtmacht und in Brand setzt, und daß wir alle auf einen Schlag sterben, auf ganz dumme Art verkohlen, ohne daß jemand herausfindet, warum und wie oder auch nur wer es war.

Und dennoch will ich die tragikomische Geschichte meiner vergangenen, gegenwärtigen und zweifellos auch zukünftigen Beziehungen zu dem friedlichen Ort Saint-Tropez im Departement Var erzählen, in Akten und Szenen, deren Zahl ich jetzt noch nicht angeben kann, da die Erinnerung genauso launisch ist wie die Phantasie. Ich stehe weder für völlige Objektivität noch für völlige Genauigkeit der Ereignisse ein, die ich schildern werde, sondern nur für meine ehrliche Absicht heute. Und das ist schon etwas im Falle einer

Stadt, die eher ein Dorf ist und bei ihren Fans, noch heute und ohne Rücksicht auf das Alter, eine wahre Flut von Erinnerungen an vergangene Geschehnisse auslöst, die sich entweder durch ihre verrückte Ausgelassenheit oder durch ihre verrückte Melancholie auszeichnen. Auf jeden Fall aber durch ihre Sensibilität. Saint-Tropez ist ein Ort – Stadt, Dorf, wie man es nimmt –, der eine Träumerei hervorruft, eine süße oder auch nicht süße „folie“*, etwas jedenfalls, darin sind sich alle sofort einig, was kein anderer Ort der Welt bewirkt. Hier nun meine eigene Komödie.

1. Akt

Die Handlung spielt 1954 oder 1955. Ein kleiner Hafen im blaßblauen Morgen. Es ist Frühling. Ein Kabriolett, ein alter Jaguar X/440, staubbedeckt, hat gerade am Hafen angehalten. Am Steuer ein junger Mann mit zerzaustem Haar (mein Bruder), neben ihm eine junge Frau mit zerzaustem Haar (ich). Die beiden Helden haben gerötete Augen, die im grellen Licht blinzeln. Sie sind über die Route Nationale 7 heruntergekommen, einen besseren Gebirgssteig, voller Kurven und schlecht unterhalten, der mitten durch alle Ansiedlungen führte, sich in den Dörfern richtig wohl fühlte, vor den Cafés gleichsam anhielt und mit dem die Benutzer nach Gutdünken umgingen. Sie stoppten, wo es ihnen gerade paßte, unterhielten sich mit den Kellnern – das waren damals noch keine Automaten, für die man Münzen braucht –, das heißt, sie machten einfach irgendwo am Straßenrand halt, unter einem Baum und gewiß nicht im Bereich irgendeines „Rastplatzes“. Es kam sogar vor, daß Autofahrer auf dieser schmalen Straße mit Gegenverkehr frontal zusammenstießen. Der einzige

* (franz.) Verrücktheit.

Vorteil dieser risikoreichen Route: keine Benutzungsgebühr.

Wie durch ein Wunder diesem heute unvorstellbaren Straßenanachronismus heil entronnen, verlassen die beiden jungen Leute ihren Wagen und begeben sich zum einzigen Grundstücksmakler am Ort. So wie sie sich später, um ihren Einzug zu begießen, in die einzige Kneipe des Hafens mit Namen „L'Escale“ begeben, die der alten Mado untersteht, ein düsteres Provinzlokal, wo es nach Holz, Insektenpulver und Limonade riecht, so wie sie am Nachmittag ihre Pariser Kleidung austauschen gegen Sachen aus ungebleichtem Leinen und Hanfschuhe im einzigen Kaufhaus am Platze, dem Kaufhaus „Vachon“, das seinerseits einer liebenswürdigen Frau und ihrer Familie untersteht (einer der fünf Familien am Ort in dem Sinne, wie man, auf ganz Frankreich bezogen, von den berühmten „zweihundert Familien“ spricht und auf der Welt ganz allgemein von den „oberen Zehntausend“). Die beiden Personen, die in diesem ersten Akt und in einer raschen Folge von Szenen auftreten, inspizieren acht, neun, zehn Häuser, die alle gleich leerstehend, gleich schön, gleich kapriziös auf steilen Felshängen gelegen sind, die sich ihrerseits auf das einzige stabile Element des Ortes stützen: das blaue, das flache Wasser der Küste. Sie entscheiden sich für die größte Villa, die La Ponche (dem Fischerhafen im Einheimischendialekt) am nächsten liegt, und richten sich dort ein. Zunächst allein, dann bald in Gesellschaft von bleichgesichtigen Freunden, Opfern der Großstadt, von Freunden, die gleichfalls heldenhaft die Schikanen und Gefahren der Route Nationale 7 überstanden haben. Diese sich hierher verirrt habenden Pariser richten sich in der Bar von La Ponche ein und lassen dann ihre müden Augen (es handelt sich um jene erhabene Müdigkeit der Zwanzigjährigen) ausruhen, indem sie einmal mit Blick nach links den alten Frauen zusehen, die vereint stricken (vereint, das heißt in diesem Fall vereint im Gleichklang ihrer Stimmen und ihres herrlichen Akzents), oder nach rechts schauen, manchmal in die Ferne, zur grünen und blauen Küste von Sainte-Maxime hin mit den weißen Flecken ihrer Häuser, manchmal zu den Fischern und ihren Booten hin, die entweder zur Jagd auf die Fische des Golfs aufbrechen, „ces dorades du flot bleu, ces poissons d'or, ces poissons chantants", von denen Rimbaud spricht, oder die im Morgengrauen zurückkehren, bei farblosem Meer – stets im ebenso hektischen wie nachlässigen Rhythmus ihres Zweitaktmotors. Dies wird der einzige Sommer und die einzige Szene meiner tropezianischen Komödie sein, in denen man zur Linken nur friedliche Strickerinnen und zur Rechten nur unbekümmerte Seeleute und Fischer sieht. Es wird also der einzige Sommer sein, da man Leute arbeiten sieht. Und also Ruhe über dem Ort herrscht.

2. Akt

Beim Übergang zum zweiten Akt sieht man dagegen, wie die Ferien, die Vergnügungen und das Farniente ihre unerbittliche Aktivität zur Linken wie zur Rechten des Hauses entfalten; man sieht zur Linken, wie aufgeregte und haarzerzauste Gruppen von städtischen Najaden von Laden zu Laden einem Badeanzug nachlaufen, und man sieht zur Rechten Boote mit Außenbordmotor und junge Leute, die laut schreiend losstürzen in dem bescheidenen Ehrgeiz, sich fünfhundert Meter weiter auf dem Sandstrand ausstrecken zu können. Das ist die vornehmste Tugend von Saint-Tropez und seine größte Schwäche: es kehrt die Rollen um und nimmt den Begriffen der französischen Sprache ihre ursprüngliche Bedeutung. Dies alles sei nur gesagt, um festzuhalten, daß es nur ein einziges Jahr gab, das meinen Freunden und mir im Haus von La Ponche normal erschien: jenes Jahr, als Saint-Tropez uns gehörte, jenes Jahr, als wir die einzigen waren, die sein Meer, seinen Sand, seine Einsamkeit und seine Schönheit gebrauchten und mißbrauchten, so wie wir auch die einzigen waren, die die Freundlichkeit und Großmut seiner Bewohner ausnutzten, die einzigen, die im Morgengrauen in den Gassen auf die Autohupe drückten, doch dies eher zum Ergötzen der zwei braven damaligen Gendarmen.

Im zweiten Akt oder in der zweiten Szene überstürzen sich die Ereignisse. Schon erinnere ich mich nicht mehr genau . . . Vadim drehte am Hafen *Und immer lockt das Weib* oder drehte den Film dort zu Ende. Brigitte Bardot kaufte La Madrague, verknallte sich in Jean-Louis Trintignant. Alexandre Astruc entschloß sich, mit mir als Mitarbeiterin einen genialen Film zu machen. Michel Magne komponierte Symphonien für Horn und Fagott auf der alten verstimmten Orgel unseres großen Hauses, und auf der Place de la Ponche leistete sich das Ehepaar Barbier einige weitere Tische für sein Lokal, draußen im Freien, zu der hölzernen Theke und zu den acht Hockern, aus denen vorher die „Bar des Pêcheurs" bestanden hatte (heute „Hôtel de la Ponche" geheißen, aber noch immer beseelt vom guten Geist Alberts und von der naiv-guten Laune seiner Frau). Diese ganze junge, schöpferische und gewiß ausgelassene Gesellschaft fand sich Ende des Sommers im Haus von La Ponche zusammen. Der Filmemacher Vadim legte dort seine Kamera und sein vom (Film-)Drehen erschöpftes Gemüt zur Ruhe; der Schauspieler Christian Marquand fand sich dort ein samt seinem Lachen und seiner jungenhaften Aufgeregtheit. Der Film kam sehr bald in zehn Pariser Kinos heraus und hatte Erfolg, ehe er im Jahr darauf für unser Unglück sorgte.

3. Akt
Die Sonne des Ruhms (nicht nur das andere, runde und freundliche Gestirn oben am Himmel), die durchdringende und verdorbene Sonne des Ruhms also lastet auf Saint-Tropez, das plötzlich zur Kapitale der unerlaubten Freuden geworden ist. Man muß in der Tat bis zum Jahr 1960 warten, erst dann wird das Wort „Freude" nicht mehr automatisch mit dem Begriff „unerlaubt" gekoppelt, sondern letzterer Begriff notgedrungenerweise durch „obligatorisch" ersetzt. Die Franzosen, die bis dahin nichts wußten von Amoralität, von Ausschweifung, von den elementarsten Gesetzen der Sexualität – weder in puncto Größe (sprich Kleinheit) des Badeanzugs noch in puncto Größe (sprich Liberalität) der Ansichten –, die sogar bisweilen nicht wußten, daß diese beiden Begriffe nicht zwangsläufig zueinander passen, stürzen sich auf Saint-Tropez, wie Pilger nach Mekka und andere nach Canossa reisen, fahren aber auf jeden Fall zum großen Vergnügen hin und jenen braven schwarzen Schafen hinterdrein, zu denen Filmemacher, Musiker, Schauspieler, Regisseure und Schriftsteller geworden sind, „deren provisorische und sonnengebräunte Archetypen wir darstellen ..." (Vgl. *Paris-Match* und *France-Dimanche.*)

Die symbolischen Zweibeiner – wir – verziehen unter all ihrer Bräune allmählich das Gesicht. Auch sie müssen sich bei „Vachon" anstellen und gehen dann verärgert zu „Choses" oder „Mic Mac", den beiden Konkurrenten, die es ihrerseits gewagt haben, ihren Kram am Hafen feilzubieten. Auch sie zahlen jetzt, anders als in Tahiti, mehr als den Selbstkostenpreis für die Langusten, die Félix, der glückliche Wirt, nicht mehr selbst fängt. Saint-Tropez ist natürlich noch immer „ihr" Saint-Tropez, und die Kaufleute und Geschäftsinhaber, die inzwischen die Reize der Stadt ausbeuten, wirken noch immer als Parasiten, „unsere Parasiten", die sich mehr oder weniger ergeben, mehr oder weniger teuer zeigen, natürlich, uns auf jeden Fall noch immer dankbar sind für dieses Manna, das wir ihnen gleich jungen Weisen aus dem Morgenland gebracht haben. Aber wir sind nicht mehr die einzigen an diesen Stränden. Die strahlenden Tage, die durchbummelten Nächte, das ausgelassene Lachen im Halbdunkel, die Verfolgungsjagden in den Gassen, die endlosen Liebschaften und die Dummheiten ohne Folgen sind nicht mehr uns allein vorbehalten. Und was die verrückte Ausschweifung betrifft, die man uns vorwirft, so beobachten wir, wie sie von anderen praktiziert wird, aber natürlich ohne Anmut und Naivität.

Die verrückte Ausschweifung, die Schwelgerei des Geldes ist es, die sich sehr rasch und unerbittlich einstellt. Gewiß, noch sind Erfolge etwas Verlockendes, noch sind sie nicht nur mit Geldgier, reinem Geschäftssinn und Opportunismus verdient; gewiß, als Félix, Roger und François, die in unserem Alter sind und über keinen Pfennig Geld verfügen, das „Esquinade" eröffnen und daraus ein Nachtlokal vom Format des „Tabarin" oder des „Tabou" machen, da ist dieser Erfolg noch zufallsbedingt und herrlich, weil sie alle drei ein wenig verrückt sind, abgebrannt, inkonsequent und sehr charmant. Sie werden vielleicht die letzten dieser Sorte von Lokalbesitzern sein, die Fitzgerald näher stehen als Gérard de Villiers.

Ja, aber . . . nach zwei Jahren ist das Geld schon da. Mag es sich ein Mäntelchen umhängen oder bis zur Gürtellinie entkleiden, mag es sich mit dem Wind unter die Segel sportlicher Boote stürzen oder unter die Motorhauben brummender Ferraris, mag es den Lüstling, den Sportsmann, den Künstler, gar den Ökologen spielen: es ist dennoch deutlich erkennbar. Das Geld wacht über alles, um es dreht sich alles. Schon lächeln die Gendarmen nicht mehr so verständnisvoll, schon kauft man seinen Fisch nicht mehr frühmorgens direkt beim Fischer, schon geht man – es sei denn, man käme aus Texas – den am Hafen sitzenden Seeleuten nicht mehr auf die Nerven mit Fragen wie „Na, wie wird das Wetter morgen, mein Freund?" oder der Einladung zu einem Pastis. Schon sprechen einige von uns, abends, wenn man beisammen sitzt, von der Normandie . . .

4. Akt, Szenen 1, 2, 3 und 4
Während des Winters – vielleicht auch während zweier – hat sich alles sehr rasch weiter verschlechtert. Einige alte Einheimische, die sich im Ausstellen hoher Rechnungen geübt haben, und einige Fremde, die stolz darauf sind, diese Rechnungen zu bezahlen, haben das letzte bißchen lässiger Unentgeltlichkeit beseitigt, das es in der Stadt noch gab. Von den sanften symbolischen Zweibeinern, die private Gründe, ihr Beruf oder die Laune dazu brachten, einen dieser paradiesischen Sommer oder auch zwei zu versäumen, weiß keiner, wann, wie und warum das passiert ist . . . Oder doch! Es läßt sich erraten! Es läßt sich erraten am Ton ge-

wisser junger Einheimischer von der nächsten Ecke, deren Wohlstand nicht mehr zufallsbedingt ist, deren Gebaren nicht im geringsten mehr von Dankbarkeit geprägt ist – die, glaube ich, auch kein Zweibeiner erwartete –, aber auch nicht mehr von stillem Einverständnis, an das gewisse Zweibeiner doch dummerweise geglaubt hatten und dessen Fehlen sie im stillen zutiefst verwirrt. „Was ist aus meinen Freunden geworden? – Reich sind sie geworden", bekam Rutebeuf zur Antwort. Und sie sind weiter verwirrt über die fünfzig Hemdengeschäfte, die zwanzig Hotels, die vierzig Bistros, die zehn Nachtclubs, die zwölf Immobilienhändler und die fünf Antiquitätenläden, die „Mado", die „Agence du Port" und „Vachon", „Lei Mouscardins" zu meiner Rechten und die „Auberge des Maures" zu meiner Linken abgelöst haben (zwei Restaurants, die ich zu Beginn dieser Tragikomödie nicht erwähnt habe, da Colette dort vor fünfzig Jahren zu Mittag aß, genausowenig wie ich die Kirche und das Rathaus erwähnt habe) ...

Kurz, man eilt heute in Saint-Tropez nicht mehr von Vergnügen zu Vergnügen, von einem heimlichen Rendezvous zum anderen, von einem Strandfleckchen zum anderen, von einem Zimmer zum anderen, man geht von einem Diner bei X zu einem Diner bei Y, man geht von Club Nr. 1 zu Club Nr. 2, man wechselt nachts von dieser Gruppe zu jener Gruppe, und man geht bei Tag von einem Laden zum anderen. Man lebt nicht mehr als glücklicher Jäger oder willige Beute, man geht von Clan zu Clan und von einem Klatsch zum anderen. Und wie in einer griechischen Tragödie, für die sich allerdings ein Boulevard-Euripides bei einem unter die Soziologen gegangenen Feydeau die Inspiration hätte holen müssen, existiert jede

„Liebe“ nur, wenn über sie gesprochen wird, existiert jeder Strand nur, wenn seine Luftmatratzen gebührenpflichtig sind, jedes Verlangen nur, wenn es sich in Geld umsetzen läßt. Saint-Tropez wird in jener Zeit zu einem Vor-Reno: die Paare gehen nach Saint-Tropez, um sich zu trennen, das heißt, um in aller Öffentlichkeit und in für den Partner verletzender Weise das zu tun, was sie in Paris heimlich taten. Vom Bruch einer Beziehung spricht man lieber als von seinem früheren Glück. In der Nacht herrschen nicht mehr Lachen, Freude, Neugier, sondern so etwas wie eine permanente – und im allgemeinen nachgemachte – Zurschaustellung dieser Heiterkeit, dieser Freude; ein Schauspiel, das in der Tat allmählich eine Stadt überzieht, die in ihrer Klatschsüchtigkeit von keiner anderen Provinzstadt übertroffen wird, deren Größen zwar alle Rechte genießen, aber keinerlei Pflichten haben. Zumindest keine Erziehung haben: sie werfen ihre Cola-Dosen auf den Strand, werfen den Kellnern ihre Hundert-Francs-Scheine vor die Füße, werfen ihre Gläser über den Balkon, womit sie nur beweisen, daß sie damit alle guten Sitten über Bord werfen. Deutsche, Amerikaner, Italiener und andere glauben, sie könnten sich ein besonderes Lebensgefühl erkaufen, indem sie Mark-, Dollar- und Lirescheine über den blauen Teppich des Mittelmeers verstreuen, eines Mittelmeers, in dem die Fische an Ölverschmutzung sterben, dessen Strände schon beim ersten Äquinoktium schmutzig sind und an dem man sich bei Nacht zu Fuß nur mit einer Spraydose bewaffnet bewegen kann. Ein gewiß düsteres Bild, aber so sehen es die Zweibeiner, zu denen ich gehöre und die gleich mir dieser in den Farben Rosé und Gelb erstrahlenden Stadt, die ihnen einst gehörte, den Rücken gekehrt haben. Jene Zweibeiner, die jetzt (wie ich in diesem Augenblick) so sehr über ihr vielgeliebtes Saint-Tropez schimpfen oder wie Kaninchen aus dem Zylinder herrliche und nostalgische Erinnerungen hervorzaubern, die sie zumindest im Rückblick denen, die ihnen nachfolgten, überlegen erscheinen lassen. Der unter den Touristen in diesem kleinen Babel grassierende Generationenkonflikt nimmt komische Formen an. Und wenn sich in gewisse, tausendmal gehörte und gelesene Berichte die Erinnerung an einen alten Beau einschleicht, der damals Zielscheibe unserer kindlichen Grausamkeiten war, dann kann man beobachten, wie mehr als einer unserer inzwischen vierzigjährigen sarkastischen Zweibeiner von heute seinen englischen Schal unter seinem teuer bei „Saks" in New York erstandenen Jacquardhemd enger schnürt und seinen Torso aufrichtet und darüber die gleichen Falten und Tics zur Schau stellt, die er gerade eben noch einem anderen andichtete. Und dem Blick, den Frauen von vierzig oder fünfzig Jahren auf „diese jungen, oben halb entblößten Dinger ... ohne Klasse ... die sich nicht zu amüsieren verstehen ... die Ärmsten ... die zu gar nichts Lust haben ..." werfen, dem Blick, bei dem sie sich aufgrund all ihrer Erfahrungen fragen, ob diese Neuen an der Liebe noch Freude empfinden, fehlt bei aller mütterlichen Besorgnis nicht ein gewisses „Na ja, wir damals ..."

Hier könnte mein Bericht zu Ende sein: 4. Akt, 5. Szene, 1999. Die gleichen Zweibeiner, weißhaarig und korpulent geworden, nehmen nicht ohne Sarkasmus zur Kenntnis, wie ihre inzwischen fünfundvierzig Jahre alten Kinder sich über ihre zwanzig Jahre alten Enkel lustig machen, und sie versichern ihnen spöttisch: „Ja, ja ja, die Jugend von

heute, die amüsiert sich eben und ist gar nicht frigide" – das ist natürlich reine Altersbosheit. Doch das wäre ein verfälschtes und sehr düsteres Ende, das Saint-Tropez, so wie es war, ist und sein wird, nicht verdient hat. Die Zeit zieht weiter, die Erinnerung zieht nicht mit, Gott sei Dank. So wie sich vor zwanzig Jahrhunderten ein vierzigjähriger Römer, der mit seinem Wagen von damals nach Ostia gekommen war, am Strand seinem Kummer hingab – oder einige hundert Kilometer weiter eine von ihrem Mann verlassene Griechin –, so geben wir uns am Rand dieses blauen Wassers dem Kummer hin, daß wir nicht unsterblich sind und daß die Jugend vorübergehend ist. Jener Römer und jene Griechin – stellten sie sich etwa vor, dieses Meer könnte auch weiterhin an den Strand schlagen, in dessen weichem Sand sich ihre Fußspuren eindrückten, diese Sonne könnte sich auch weiterhin drehen und die Schatten der Bäume und der Häuser auf dem Erdboden weiterrücken lassen, wenn ihr Blick, ihr Lebensatem dies alles nicht mehr erfaßte? Gaben ihnen dieses Meer, diese Sonne, dieser Pinienduft, dieser Salz- und Jodgeruch nicht eher ein Gefühl köstlicher und eigenartiger Befriedigung ein gerade bei dem Gedanken, daß dies alles sie überdauern, überleben würde?
Heute fällt diesen Vierzigjährigen, sei er im Aston Martin, im Bus oder im Wohnwagen gekommen, um sich am Rand dieses blauen Wassers niederzulassen mit der Begeisterung der Goldsucher von Klondike, genauso wie die Touristenscharen aus aller Herren Länder, das gleiche, alte, herrliche Leiden an: reine Bewunderung. Saint-Tropez ist schön, erstaunlich schön. Es besitzt eine unzerstörbare Schönheit – vor allem für uns, die Zweibeiner von der Route Nationale 7, seine Ex-Besitzer –, sei es im Frühling, im Herbst oder Winter, wäh-

rend jener stillen Zeiten, in denen wir zurückkommen, um dies jedesmal mit Erstaunen und großer, kaum mit Groll versetzter Freude festzustellen.

Da sind zunächst die Winde, diese drei, vier Winde, die über die Halbinsel hereinwehen, sie reinfegen und dann jene so leichte, so verrückte und heitere Luft herbeischaffen, daß man sich innerhalb von zwei Tagen wieder völlig auf die Beine gestellt fühlt. Da ist dann diese gelbe und friedliche Sonne, diese freundliche Sonne, die dort so oft scheint, wenn es in Cannes und Monte Carlo regnet. Da ist weiterhin diese rotfarbene Küste mit ihren zahllosen Einbuchtungen und plötzlich sich darbietenden flachen Stränden, diese Küste, die an gewisse Tragödien von Racine erinnert, bei denen man in den Dialogen nur langsam vorankommt und sich noch an sie klammert, ehe man sich dem sanften Gefälle einer Tirade hingibt. Da ist das Meer, „la folle mer, qui brise au bord ses coupes"*, wie Cocteau sagte, und das mehr schäumt als anderswo, unvermuteter und frischer. Da ist das Land, das wirkliche Land, hinter Saint-Tropez versteckt, das grün ist im Gegensatz zum übrigen Gebiet der Maures-Berge, im Gegensatz zu jener kahlen, felsigen, armen Landschaft. Denn gleich nach dem Strand gibt es bei Saint-Tropez Felder, lebendiges Grün, Wälder, Korkeichen, Anhöhen wie in der Ile-de-France, Wasser, Bäume, und im Herbst riecht es nach modrigem Holz und nach Pilzen. Hinter Pampelonne gibt es noch Wege, die man einschlägt, ohne zu wissen, wohin sie einen führen.

Doch ob man es vom Meer aus betrachtet oder von oben, von der Zitadelle, zu der niemand mehr hin-

* (franz.) das tolle Meer, das am Ufer seine Pokale zerbricht.

aufsteigt, Saint-Tropez bietet dem Blick seine schmalen und spitzen, manchmal schiefen, aber immer anheimelnden Häuser dar, diese gelben, roten, blauen oder grauen Häuser, verwittert unter Sonne und Wind, mit ihren Dächern aus Ziegeln, deren dunkelrosa Farbe dem Auge wohltut, versammelt um einen Kirchturm, der verrückt spielt und Viertelstunden schlägt, um die sich niemand kümmert. Da und dort hängt Wäsche auf der Leine wie in Italien, und einige Terrassen wirken zu gepflegt, und hier und da steht eine Grünpflanze zuviel herum. Aber die Hauswände sind aus solidem Felsstein, den auch aller neuer und oft teurer Verputz nicht unterkriegen kann.

Alle Häuser sonnen sich tagsüber, wie Katzen oder große Hunde. Sie haben ein vertrauensvolles Gesicht – selbst wenn ihre Öffnungen schmal sind – und auch runde Bäuche. Und all diese Häuser sehen einen bei Nacht mit Vergnügen vorübergehen. Sie haben Türen, die zuschlagen und sich öffnen, um einen anzulocken, und Fenster, die stets erleuchtet sind, damit man weiß, wo man ist. Die Gassen kreuzen sich, trennen sich, finden wieder zusammen auf einem Platz mit einem stolzen krummen Baum in der Mitte. Die Gassen hallen wider vom Lärm der Korsaren oder von den Rufen der Nachtschwärmer, und wir „Alten" hören dabei unsere Rufe von vor zwanzig Jahren. Und man kann in Saint-Tropez stundenlang spazierengehen, bei Tag wie bei Nacht, von der Place des Lices bis zum Hafen, von einem Bistro zum anderen oder, am frühen Morgen, von einer schon geschäftigen Bäckerei zur anderen, von einem weißen Meer zu einem Meer, das allmählich unter dem kleinen Friedhof heraufblaut ... dem kleinen Friedhof, auf dem alle eines Tages begraben sein wollen, um die Schiffe vorüberfahren zu sehen und damit die Sonne ihnen die gebleichten Knochen wärmt.

5. Akt

Sommer 1980. Ende. Der Vorhang über einer tropezianischen Tragikomödie ist gefallen. Ich habe dreiviertel Stunden lang geschlafen, ich habe fünfundzwanzig Jahre lang geträumt. Ich bin in einem zunächst dunklen Zimmer aufgewacht und habe sofort die Augen geschlossen, instinktiv, nach einem Geräusch forschend, das ich nicht mehr hörte und das mir fast fehlte. Schließlich wurde mir klar, daß es nicht mehr regnete und daß dieses helle, schmale Ding schräg auf der Wand gegenüber der Strahl jenes berühmten Gestirns namens Sonne war. Ich bin aufgestanden, habe die Läden geöffnet, und das Meer und der Himmel haben mir das gleiche Blau, das gleiche Rosa, das gleiche Glück ins Gesicht geworfen. Und die gleichen Strahlen der Sonne haben das alles mit einem Stoß durchdrungen, haben diese Pastellfarben eingefaßt mit einem schwarzen Strich und immer und immer wieder herrlich die Dachkanten, die Rundung des Strands, das Ährengewirr der Schiffsmasten eingefangen. Wir schreiben das Jahr 1980, und ich weiß nicht, ob wir das Jahr 2000 erreichen, ohne daß ein stures und blindes Flugzeug, dessen Besatzung für einen Gegenbefehl taub ist (oder eine Rakete, so seelenlos und monströs wie die Dinosaurier der Frühzeit) auf uns zusteuert, unseren blitzartigen Aschetod in sich bergend.

Nicht, daß das so wichtig wäre: die Sonne ist da, ich habe sie mit der Hand eingefangen, und ich strecke diese Hand automatisch zu ihr hin, ohne sie wieder zu schließen. So wie man die Zeit und die Liebe nicht festhalten soll, darf man auch nicht versuchen, die Sonne oder das Leben einzufangen. Ich gehe hinunter zu Menschen, die lachen, zu Menschen, die vergessen, zu Menschen, die bereit sind, zu einem Anderswo aufzubrechen, zu einem Irgendwo, doch jedenfalls zu einem Anderswo, das dem Hier ähneln sollte oder versuchen sollte, ihm zu ähneln, und das dieses Ziel nie ganz erreichen wird.

# Liebesbrief an Jean-Paul Sartre

Sehr geehrter Herr Sartre,
ich spreche Sie mit „sehr geehrt" an, weil ich dabei an die kindliche Interpretation dieses Wortes im Wörterbuch denke: „ein x-beliebiger Mensch". Ich sage nicht „lieber Jean-Paul Sartre" zu Ihnen, das ist zu journalistisch, auch nicht „lieber Maître", denn das hassen Sie, und auch nicht „lieber Kollege", denn das maße ich mir nicht an. Seit Jahren schon will ich Ihnen diesen Brief schreiben, seit fast dreißig Jahren schon, genauer gesagt, nämlich seit ich Ihre Bücher lese, und vor allem seit zehn oder zwölf Jahren, seit die Bewunderung für Sie über das Selbstverständlich-Lächerliche hin schon so selten geworden ist, daß man sich fast zum Lächerlichen beglückwünscht. Vielleicht bin ich auch inzwischen so alt oder wieder jung genug geworden, um mich heute über das Lächerliche erheben zu können, um das Sie sich, solchem stets entrückt, nie gekümmert haben.

Ich wollte nur, daß Sie diesen Brief am 21. Juni erhalten, einem Glückstag für Frankreich, an dem, im Abstand freilich von einigen Jahren, Sie, ich und in jüngerer Zeit Platini geboren wurden, drei bekannte Persönlichkeiten, die man in den Himmel gehoben oder wild mit Füßen getreten hat – Sie und mich, Gott sei Dank, nur im übertragenen Sinne – aus Exzessen der Verehrung oder der Schimpfwürdigkeit heraus, die sie sich nicht erklären können. Hier beende ich diese Geburtstagsode, aber was ich jetzt sagen werde, mußte ich Ihnen sagen, und dazu war diese sentimentale Anspielung notwendig.

Im Jahre 1950 fing ich an, alles zu lesen, und seitdem wissen nur Gott und die Literatur, wie viele Schriftsteller ich geliebt und bewundert habe, vor allem zeitgenössische Schriftsteller Frankreichs und anderer Länder. Seitdem habe ich einige von ihnen persönlich kennengelernt, habe den Werdegang auch der anderen verfolgt, und gibt es auch noch viele, die ich als Schriftsteller bewundere, so sind Sie doch der einzige, den ich weiterhin als Menschen bewundere. Alles, was Sie mir versprochen hatten, als ich fünfzehn Jahre alt war, im intelligenten und unerbittlichen Alter, in einem Alter ohne fest umrissenen Ehrgeiz, also auch ohne Konzessionen, alle diese Versprechungen haben Sie gehalten. Sie haben die klügsten und die ehrlichsten Bücher Ihrer Generation geschrieben, Sie haben sogar das für meine Begriffe hervorragendste Buch der französischen Literatur geschrieben: *Die Wörter*. Gleichzeitig haben Sie sich immer, gesenkten Kopfes, den Schwachen und Gedemütigten zu Hilfe eilend, in die Arena gestürzt, haben Sie an Menschen, an Sachen, an Allgemeines geglaubt; Sie haben sich, wie jedermann, bisweilen getäuscht, aber Sie haben, im Gegensatz zu jedermann, Ihre Irrtümer immer erkannt und eingestanden. Sie haben hartnäckig alle moralischen Lorbeeren und alle materiellen Einkünfte Ihres Ruhms abgelehnt, Sie haben den doch für ehrbar geltenden Nobelpreis zurückgewiesen, als es Ihnen an allem fehlte, Sie waren während des Algerienkriegs dreimal das Opfer von Plastikbomben, man hat Sie auf die Straße geworfen, Sie haben den Theaterdirektoren Frauen aufgezwungen für Rollen, die nicht zwangsläufig die ihren waren, dadurch deutlich beweisend, daß für Sie die Liebe „die strahlende Trauer des Ruhms“ sein konnte. Kurz, Sie haben geliebt, geschrieben, geteilt, gegeben, was Sie zu geben hatten und was „das Wichtige“ war, und Sie haben gleichzeitig alles zurückgewiesen, was man Ihnen bot und was „die Wichtigkeit“ war. Sie waren ebensosehr Mensch wie Schriftsteller, Sie haben nie den Standpunkt vertreten, das Talent des letzteren rechtfertige die Schwächen des ersteren noch daß das Schöpferglück dazu ermächtige, seine Nächsten, die anderen, alle anderen geringzuschätzen oder zu vernachlässigen. Sie haben nicht einmal den Standpunkt vertreten, ein besten Wissens und guten Glaubens begangener Irrtum rechtfertige diesen Irrtum. Sie haben sich nicht hinter diese berühmte Anfälligkeit des Schriftstellers zurückgezogen, hinter diese zweischneidige Waffe seines Berufs, Sie haben sich nie als Narziß aufgeführt, der doch eine den Schriftstellern unserer Zeit vorbehaltene Rolle ist zusammen mit der des kleinen Herrn und des großen Dieners. Im Gegenteil, anstatt sich wie viele andere auf dieser angeblich zweischneidigen Waffe mit Genuß und Geschrei aufzuspießen, sagten Sie, sie liege Ihnen bequem in der Hand, sie sei wirkungsvoll und leicht zu gebrauchen und Sie liebten sie, und Sie haben sich ihrer bedient, Sie haben sie Opfern zur Verfügung gestellt, wahren Opfern in Ihren Augen, die weder schreiben noch sich ausdrücken, weder kämpfen noch sich manchmal auch nur beklagen können.

Indem Sie nicht nach der Gerechtigkeit riefen, weil Sie nicht richten wollten, indem Sie nicht von Ehre sprachen, weil Sie nicht geehrt werden wollten, indem Sie nicht einmal an die Großmut appellierten, weil Sie nicht wußten, daß Sie selbst die Großmut waren, waren Sie der einzige Mensch der Gerechtigkeit, der Ehre und der Großmut unserer Zeit, ein Mensch, der unablässig tätig war, der dem anderen alles gab, der ein bescheidenes und doch nicht spartanisches Leben führte, der ebenso ohne Tabus wie ohne große Feste lebte, abgesehen von dem großartigen Fest des Schreibens, der liebte, Liebe schenkte, verführte, aber jederzeit bereit war, sich verführen zu lassen, der alle seine Freunde überholte, sie an Schnelligkeit, Klugheit und Glanz übertraf, sich aber ständig zu ihnen umkehrte, um es sie nicht merken zu lassen. Sie haben sich oft gebrauchen, mißbrauchen lassen, sich als gleichgültig einschätzen lassen, und Sie müssen oft über jede normale Erwartung hinaus enttäuscht worden sein. Welch beispielhaftes Leben eines Menschen, der sich niemals zum Beispiel erheben wollte!

Jetzt sind Sie des Augenlichts beraubt, können nicht mehr schreiben, heißt es, und sind gewiß manchmal so unglücklich, wie man es nur sein kann. Vielleicht ist es Ihnen dann eine Freude, zu erfahren, daß ich überall, wo ich seit zwanzig Jahren gewesen bin, in Japan, in Norwegen, in Amerika, in der Provinz, in Paris, Menschen jeden Alters begegnet bin, die von Ihnen mit der gleichen Bewunderung, dem gleichen Vertrauen und sogar der gleichen Dankbarkeit sprachen wie die Schreiberin dieser Zeilen.

Unsere Zeit hat sich als verrückt, unmenschlich und korrupt erwiesen. Sie waren klug, menschlich und unbestechlich und sind es noch heute. Dank sei Ihnen darum.

Ich schrieb diesen Brief 1980 und ließ ihn im *L'Egoïste* veröffentlichen, dem schönen und kapriziösen Journal von Nicole Wisniack. Natürlich holte ich dafür durch eine Mittelsperson Sartres Genehmigung ein. Wir hatten uns seit fast zwanzig Jahren nicht mehr gesehen. Und auch damals waren wir uns nur einige Male beim Essen begegnet, zusammen mit Simone de Beauvoir und meinem ersten Mann, in einer immer etwas gezwungenen Atmosphäre. Einige lustige Begegnungen an schlimmen, köstlichen Orten am Nachmittag gab es noch, da Sartre und ich so taten, als sähen wir uns nicht, und ein Mittagessen zusammen mit einem reizenden, von fern für mich schwärmenden Industriellen, der ihm die Leitung einer linken Zeitschrift vorschlug, die er selbst mit Freuden finanzieren wollte (doch da besagter Industrieller davongestürzt war, um zwischen Käse und Kaffee seine Parkscheibe umzustellen, verlor Sartre den Mut und brach statt dessen in ein lautes Lachen aus; auf jeden Fall kam allmählich de Gaulle, und das war das definitive Ende dieses unrealistischen Vorhabens).

Nach diesen wenigen, kurzen Begegnungen hatten wir uns zwanzig Jahre lang nicht mehr gesehen, und diese ganze Zeit über hatte ich ihm sagen wollen, was ich ihm schuldete. Der blinde Sartre ließ sich also diesen Brief vorlesen und lud mich daraufhin zu einem Abendessen ein. Ich holte ihn am Boulevard Edgar-Quinet ab – wenn ich heute an dem Haus vorüberkomme, versetzt es mir jedesmal einen Stoß. Wir gingen in die „Closerie des Lilas". Ich führte ihn, damit er nicht stolperte, und ich stotterte vor Aufregung. Wir waren, glaube ich, das kurioseste Paar der französischen Literatur, und die Kellner umflogen uns wie aufgeschreckte Vögel.

Das war ein Jahr vor seinem Tod. Es war das erste einer langen Reihe von Abendessen, aber das wußte ich damals nicht. Ich glaubte, er lüde mich nur aus Höflichkeit ein, und ich glaubte auch, er würde nach mir sterben.

Wir aßen fast alle zehn Tage gemeinsam zu Abend. Ich holte ihn ab, er stand immer schon an der Tür, in seinem Dufflecoat, und zu diesen Treffen eilten wir verstohlen wie Diebe, ganz gleich, in welcher Gesellschaft wir uns befanden. Und ich war, im Gegensatz zu einigen Personen aus seinem Bekanntenkreis, nie bestürzt über die Art, wie er während seiner letzten Monate aß. Gewiß, auf seiner Gabel schaukelte manchmal etwas, doch das war eben das Verhalten eines Blinden, nicht das eines Verkalkten. All denen, die sich in Artikeln oder Büchern über diese Mahlzeiten mehr oder weniger abfällig geäußert haben, nehme ich dies sehr übel. Sie hätten, wenn ihre Augen so empfindlich waren, eben nicht hinsehen, sondern lieber zuhören sollen. Zuhören dieser heiteren, mutigen und männlichen Stimme und allem, was sie an Freimütigem zu sagen hatte.

Was er an unserem Verhältnis schätzte, das war, wie er mir sagte, der Umstand, daß wir nie von den anderen und unseren gemeinsamen Beziehungen sprachen: wir sprachen, wie er sagte, wie Reisende auf einem Bahnsteig ... Ich vermisse ihn. Ich führte ihn gern an der Hand, so wie er mein Denken führte. Ich tat gern, was er mir sagte, ich kümmerte mich nicht um die von seiner Blindheit herrührenden Ungeschicklichkeiten, ich bewunderte es, daß er sich seine Leidenschaft für die Literatur bewahrt hatte. Ich fuhr gern mit ihm im Lift, fuhr ihn gern im Auto aus, schnitt ihm gern sein Fleisch auf dem Teller, bemühte mich gern, uns beiden zwei, drei schöne Stunden zu bereiten, ihm Tee zu machen, ihm heimlich einen Scotch zu bringen, gemeinsam mit ihm guter Musik zu lauschen – und vor allem hörte ich ihm gern zu. Es fiel mir schwer, ihn beim Abschied vor seiner Tür zurückzulassen, aufrecht stehend, mit den blinden Augen bekümmert in meine Richtung blickend. Ich hatte, obwohl stets ein nächstes Treffen fest vereinbart war, jedesmal den Eindruck, daß wir uns nicht mehr wiedersehen würden, daß er genug haben könnte von der „schelmischen Lili", wie er mich nannte, von meinem Gefasel. Ich befürchtete immer, einem von uns beiden könnte etwas zustoßen. Und natürlich war ich gerade, als ich ihn das letzte Mal sah, wie er vor der Tür zusammen mit mir auf den Lift wartete, ganz beruhigt. Ich glaubte, daß er ein wenig für mich übrig hatte, ich ahnte nicht, daß das Leben nur noch so wenig für ihn übrig haben sollte.

Ich denke an diese eigenartigen gemeinsamen Abendessen in den stillen Restaurants des XIV. Arrondissements. „Wissen Sie, man hat mir Ihren ‚Liebesbrief' einmal vorgelesen", hatte er ganz am Anfang zu mir gesagt, „und das hat mir sehr gefallen. Aber wie kann ich jemanden bitten, ihn mir noch einmal vorzulesen, damit ich mich über alle Ihre Komplimente freue? Da käme ich mir ja wie ein Paranoiker vor! Daraufhin hatte ich für ihn den Text auf Band gesprochen – sechs Stunden brauchte ich dazu, so sehr habe ich gestottert – und ein Stück Heftpflaster auf die Kassette geklebt, damit er sie ertasten konnte. Er sagte dann später, er höre sich den Brief manchmal an, abends, allein, wenn er niedergeschlagen sei – aber zweifellos wollte er mir mit dieser Versicherung nur eine Freude machen. Er sagte auch: „Sie fangen an, mir die Steakstücke zu groß zu schneiden. Verlieren Sie den Respekt vor mir?“ Und während ich mich noch um seinen Teller kümmerte, begann er zu lachen. „Sie sind sehr freundlich. Das ist ein gutes Zeichen. Intelligente Menschen sind immer freundlich. Ich habe nur einen intelligenten und bösen Menschen gekannt, aber der war Päderast und lebte in der Einsamkeit.“ Er hatte auch genug von den Männern, von jenen ehemals jungen Männern, von jenen Jungen, jenen ehemals Jungen, die sich auf ihn als ihren Vater beriefen, auf ihn, der stets nur die Gesellschaft der Frauen geliebt hatte. „Ah, sie gehen mir auf die Nerven!“ sagte er. „Meine Schuld, Hiroschima ... meine Schuld, Stalin, ihre Anmaßung, ihre Dummheit, alles meine Schuld ...“ Und er lachte über alle Winkelzüge dieser falschen Waisen, die ihn zum Vater haben wollten. Sartre Vater? Welch irriger Gedanke! Sartre Ehemann? Nein, Sartre Liebhaber – vielleicht. Diese Ungezwungenheit, diese Herzlichkeit, die er selbst blind und halb gelähmt einer Frau gegenüber bewies, sprachen Bände. „Wissen Sie, als ich erblindete und als mir klar wurde, daß ich nie mehr würde schreiben können (ich schrieb seit fünfzig Jahren jeden Tag zehn Stunden, und das waren die schönsten Stunden meines Lebens) –, als ich so richtig begriffen hatte, daß ich am Ende war, da war das ein großer Schock für mich, und ich habe sogar daran gedacht, mir das Leben zu nehmen.“ Und da ich nichts darauf erwiderte, er aber spürte, daß mich der Gedanke an sein Martyrium bekümmerte, fügte er hinzu: „Doch dann hab ich's nicht einmal versucht. Sehen Sie, ich bin mein Leben lang glücklich gewesen, ich war, bis dahin, ein Mensch, eine Person, die so sehr für das Glück geschaffen war – da wollte ich nicht plötzlich die Rolle wechseln, da bin ich aus Gewohnheit weiter glücklich geblieben." Und als er dies sagte, hörte ich, verstand ich auch, was er *nicht* sagte, um meine Nächsten, männlichen wie weiblichen Geschlechts, nicht vor den Kopf zu stoßen. Vor allem nicht jene Frauen, die manchmal um Mitternacht anriefen, wenn wir gerade von einem unserer Abendessen zurückgekehrt waren, oder am Nachmittag, wenn wir beim Tee saßen, Frauen, die sich so fordernd anhörten, so abhängig von diesem invaliden, blinden Mann. Diesen Frauen, die ihm gerade durch ihre Maßlosigkeit das Leben wiederschenkten, sein Leben als Frauenliebhaber, Casanova, Lügner, Mitfühlender oder als Komödiant. Dann brach er auf, um Ferien zu machen, dieses letzte Jahr, Ferien, die sich auf drei Frauen und drei Monate verteilten, Ferien, die er mit makelloser Freundlichkeit und unüberwindlichem Fatalismus anging. Den ganzen Sommer über hatte ich das Gefühl, er sei mir ein wenig entrückt. Doch dann kam er zurück, und wir sahen uns wieder. Und dieses Mal war ich, das glaubte ich, „für immer" da; für immer waren da sein Wagen, sein Lift, der Tee, die Kassetten, diese belustigte, manchmal zärtliche Stimme, diese sichere Stimme. Doch ein anderes „für immer" war schon vorbereitet, leider, für ihn allein.

Ich ging zu seinem Begräbnis, ohne es fassen zu können. Und es war doch ein großartiges Begräbnis, Tausende von Menschen der verschiedensten Gruppen waren da, die ihn auch liebten, hochachteten und die ihn über Kilometer hinweg bis zu seinem letzten Stück Erde begleiteten. Leute, die nicht das „Pech" gehabt hatten, ihn genauer zu kennen, über ein ganzes Jahr hinweg, Leute, die nicht fünfzig einander widersprechende Klischees von ihm im Kopf hatten, Leute, denen er nicht alle zehn Tage, alle Tage, immer fehlen würde, Leute, die ich ebenso beneidete wie bedauerte.

Und wenn ich mich danach über gewisse Berichte empört habe, Berichte, die von einem verkalkten Sartre wissen wollten und von einigen Leuten aus seiner näheren Umgebung stammten, wenn ich es aufgegeben habe, gewisse ihn betreffende Erinnerungen zu lesen, so habe ich doch nicht seine Stimme, sein Lachen, seine Intelligenz, seinen Mut und seine Güte vergessen. Ich glaube, ich werde mich niemals richtig von seinem Tod erholen. Denn was soll man tun, manchmal? Was denken? Da war nur dieser vom Blitz getroffene Mensch, der es mir hätte sagen können, da war nur er, dem ich glauben konnte. Sartre ist am 21. Juni 1905 geboren, ich bin am 21. Juni 1935 geboren, aber ich glaube nicht – abgesehen davon, daß es mich nicht reizt –, daß ich noch weitere dreißig Jahre ohne ihn auf diesem Planeten zubringen werde.

# „Meine“ Bücher

In der Reihenfolge der Erinnerungen rangiert die Liebe zur Literatur weit vor der richtigen Liebe, der Liebe zwischen Menschen. Erinnert man sich nicht zwangsläufig, wo und wann man „dem anderen“ begegnet ist, erinnert man sich nicht mehr so genau an den Eindruck, den „er“ an jenem Tag auf einen gemacht hat, und neigt man eher dazu, sich daran zu erinnern, daß man an jenem Abend nicht sofort begriffen hat, daß „er der“ war, so ist dies bei der Begegnung mit der Literatur ganz anders – da weiß man recht genau, wer und was das war. Ich weiß noch sehr genau, wo ich die großen Bücher meines Lebens gelesen, entdeckt habe, und die äußeren Landschaften meines damaligen Lebens sind untrennbar verbunden mit meinen Seelenlandschaften, die im großen und ganzen jene eines heranwachsenden Menschen sind.

Ich habe, das muß ich gestehen, auf diesem Gebiet die klassischste Trimmstrecke zurückgelegt, die man sich denken kann: *Uns nährt die Erde* mit dreizehn, *Der Mensch in der Revolte* mit vierzehn, die *Illuminationen* mit sechzehn. Ich übersprang die gleichen Hürden, die junge Menschen seit Jahrzehnten überspringen, und deshalb erwähne ich zunächst jene Bücher, die vor allem eine Entdekkung meiner selbst waren – meiner selbst als Leser, aber auch als Mensch –, jene Bücher, in denen ich eine Moral suchte, die auf die meine ansprach, ein Denken, das dem meinen einen Schritt voraus war, dank jenem aufgewühlten, halb aus Bewunderung, halb aus Narzißmus bestehenden Zustand, in den uns bestimmte, diesem Alter entsprechende Bücher versetzen. Erst später, viel später gab ich diese erhabene und melodramatische Rolle des privilegierten Lesers auf, die ich für die meine hielt, und erst später entdeckte ich die Literatur und ihre wahren Helden: die Schriftsteller. Kurz, erst später interessierte ich mich mehr für das Schicksal Julien Sorels als für das meine. Desgleichen brauchte ich in der Entwicklung meiner Gefühlsbeziehungen einige Zeit, bis ich im Auge des anderen dessen wahre Natur suchte und nicht nur ein verschönertes Spiegelbild meiner selbst.

*Uns nährt die Erde* war die erste dieser offenkundig für mich, fast durch mich, von mir geschriebenen Bibeln, das erste Buch, das mir zeigte, was ich im Grunde war und was ich sein wollte, was zu sein mir möglich erschien. Gide ist ein Autor, ein Ziehvater, dessen man sich heute nicht mehr gern rühmt, und es wirkt vielleicht ein wenig lächerlich, wenn man *Uns nährt die Erde* als sein erstes Brevier zitiert. Ich weiß aber noch sehr genau, bei welchem Akazienduft ich seine ersten Sätze, seine ersten für Nathanael gedachten Anweisungen entdeckte. Wir wohnten in der Dauphiné. Es hatte in jenem Sommer viel geregnet, und ich hatte mich sehr gelangweilt, so hingegeben, wie sich nur Kinder hinter den verregneten Fenstern eines Landhauses langweilen können. Es war der erste schöne Tag nach all diesem Regen, und ich ging diesen von Akazien gesäumten Weg entlang, mein Buch unterm Arm. Und da stand damals eine riesige Pappel (ich war natürlich inzwischen wieder dort, und natürlich hatte man die Pappel gefällt und die

Gegend in Parzellen eingeteilt, und natürlich hat mir dies nach allen Regeln unserer Zeit das Herz abgedrückt). Auf jeden Fall entdeckte ich im Schatten dieser Pappel dank Gide, daß das Leben sich mir in seiner Fülle und seinen Extremen anbot – etwas, worauf ich seit meiner Geburt schon von selbst hätte kommen können. Diese Entdeckung riß mich hin. Die vielen tausend Pappelblätter, klein und dicht beieinander, von hellem Grün, raschelten über meinem Kopf, hoch oben, und jedes einzelne Blatt erschien mir wie ein weiteres auf mich zukommendes Glück, ein nun dank der Literatur mir fest versprochenes Glück. Ehe ich bis zur Krone des Baumes gelangte, um seine letzten stürmischen Augenblicke der Freude zu pflücken, gab es noch die anderen Millionen von Blättern im Kalender meines Lebens abzureißen. Da ich mir ein Älterwerden, gar ein Reiferwerden nicht vorstellen konnte, waren dies kindliche und schwärmerische Freuden, die sich dort über mir anhäuften: Pferde, Gesichter, Wagen, Ruhm, Bücher, bewundernde Blicke, das Meer, Schiffe, Küsse, Flugzeuge in der Nacht und was weiß ich noch, alles, was die simple und sentimentale Phantasie eines Mädchens von dreizehn Jahren eben so auf einen Schlag hervorbringt. Ich habe Gide zufällig im vergangenen Jahr noch einmal gelesen; und glaubte ich dabei auch den Akazienduft wieder zu riechen und die Pappel wieder vor mir zu sehen, so habe ich doch, fast wie nebenbei, nur gedacht, daß dies alles trotzdem ganz gut geschrieben war. Auch der Blitz kann daneben treffen.

Gleich nach Gide kam Camus mit *Der Mensch in der Revolte*. Ich hatte Gott seit einiger Zeit verloren, seit zwei, drei Monaten, und war auf eine törichte und furchtsame Art stolz darauf. Ich hatte Gott in

Lourdes verloren, wohin man mich aus reinem Zufall mitgenommen hatte und wo ich aus reinem Zufall einer morgendlichen Segnung beiwohnte. Nachdem ich in meiner Nähe ein Mädchen meines Alters auf seiner, wie es schien, letzten Lagerstatt hatte schluchzen sehen, war ein Gefühl der Abneigung gegen den allmächtigen Gott über mich gekommen, der dies zuließ, und ich hatte ihn in großer Empörung und ehrlichem Zorn erhaben aus meinem Leben gestrichen – einem Leben, das ich bis dahin zur Hälfte in kirchlichen Internaten zugebracht hatte. Diese metaphysische Krise hatte mir beim Mittagessen den Appetit verdorben und am Abend in meinem Hotelzimmer düstere Träumereien eingebracht: die Perspektive einer Erde ohne Gott, einer Welt ohne Gerechtigkeit, ohne Mitleid und Barmherzigkeit, der Welt, in der ich jetzt würde leben müssen (und deren Grauen ich noch immer nicht ganz erfaßt habe, obwohl mir immer wieder davon berichtet wird). Ich hatte zwei Monate lang wie eine Rekonvaleszentin diesen irreparablen Verzicht auf einen allmächtigen Gott mit mir herumgeschleppt, dieses Fehlen vor allem eines „Darum" auf alle möglichen Fragen. Deshalb war ich sehr erleichtert, als ich *Der Mensch in der Revolte* entdeckte und die beruhigende Stimme von Camus, die auch von dieser bedrückenden Abwesenheit sprach. In Ermangelung Gottes gab es den „Menschen", sagte mir dieser sanfte Träumer, „und der eine ersetzte den anderen". Der eine war die Antwort auf alle Fragen, welche die Nachlässigkeit des anderen aufgeworfen hatte.

Ich glaube, es war Februar; es war im Gebirge, und ich war gemäß einem seit drei Monaten in diesem Internat üblichen Ritual vom Geographieunterricht dispensiert worden. Ich hatte meine Skier genommen, um die Hänge von Villars-de-Lans hinaufzuklettern – damals gab es dort noch keine Seilbahn, keinen Sessellift, keine Pizzeria (erneutes Klagelied über die heutige Zeit). Ich saß auf meinem Anorak, den ich ausgezogen hatte, weil es recht warm war trotz leichter Windstöße, die um mich herum den Schnee losrissen, ihn wie Staub die Schlucht hinunterjagten zu den Tannen dort, wo er sich ansammelte und wo ich ganz gewiß, mit dem Kopf voran, eine halbe Stunde später landen würde. Aber ich fühlte mich wohl. Beine, Arme und Rücken taten mir weh vom Skifahren, ich atmete langsam, ich fühlte, wie die Sonne mir das Haar und die Haut trocknete. Ich fühlte mich als Herr über meinen Körper, meine Skier, mein Leben, ich fühlte mich als Herr über die ganze Welt, auf ideale Weise allein, unter einem strahlend blauen Himmel – und daß der leer war, war mir im Augenblick herrlich egal. Die Menschen, ihr Geist, ihre Widersprüche, ihre Wärme, ihre Nerven, ihre Qualen, ihre Wünsche, ihre Schwächen, ihr Wille und ihre Leidenschaften, alles das erwartete mich unten, weiter weg, kam später, denn ich war ja erst vierzehn, und ehe ich richtig in die Welt eintrat, hatte ich noch zwei oder drei Jahre vor mir, zwei wunderbare Jahre, in denen ich nichts zu tun hatte, außer Studien vorzutäuschen, zu lesen, zu begreifen, zu erahnen, auf eine wunderbare Zukunft zu warten. Was hätte Gott wohl mehr für mich tun können? fragte ich mich spöttisch.

Und was konnte er im übrigen gegen mich tun, da ich doch da war, mit klopfendem Herzen, warmem Blut, lebendigem Körper, und dieser Hang sich weiß und glatt unter meinen Füßen erstreckte, so leicht zu überwinden. Und da es, selbst wenn ich fiel, aus den warmen Ländern gekommene Menschen geben würde, Menschen mit warmen Herzen jedenfalls, Freunde, menschliche Wesen, wie dieser Camus einer zu sein schien, ein Beschützer und Gerechter, der an den Menschen und seine Natur glaubte, in unserer Existenz einen Sinn erblickte und bereit war, mich daran zu erinnern, falls ich es einmal vergessen sollte. Es war nicht so sehr das menschliche Wesen, an das ich in diesem bestimmten Augenblick glaubte, das muß ich zugeben, sondern eher ein Mann namens Camus, der gut schrieb und dessen Foto auf dem Buchumschlag ein männliches und verführerisches Gesicht zeigte. Vielleicht wäre mir die Nicht-Existenz Gottes beunruhigender erschienen, wenn Camus kahlköpfig gewesen wäre. Doch nein: Ich habe *Der Mensch in der Revolte* inzwischen wieder gelesen, und ich habe festgestellt, daß der Blitz jenes Mal genauer getroffen hatte. Denn es steht fest, daß Camus gut schrieb und daß er wirklich Vertrauen in die menschliche Natur zu haben schien.

Das dritte „meiner" Bücher stand mir zugleich am fernsten und am nächsten. Es stand mir am fernsten, weil ich in ihm für meinen suchenden narzißtischen Hunger keine Nahrung fand, keine Gebrauchsanweisung, keinerlei Ermahnung und nicht einmal ein Beispiel. Und es stand mir am nächsten, weil ich in ihm die Wörter entdeckte, den Gebrauch, den man von ihnen machen kann, und ihre absolute Macht. Ich hatte von Rimbaud bis dahin wie alle französischen Schüler nur *Der Schläfer im Tal* und die ersten Strophen des *Trunkenen Schiffs* gelesen. Doch an jenem Morgen, als ich in der Nacht vor lauter Lesen nicht oder fast nicht geschlafen hatte – es war die etwas frühe Eröffnung des langen Zyklus meiner durchwachten Nächte –, an jenem Morgen war ich voller Müdigkeit aufgestanden in dem Haus, das meine Eltern in Hendaye für die Dauer der Ferien gemietet hatten. Ich war an den um acht Uhr verlassen daliegenden Strand gegangen, einen noch grauen Strand unter seinen baskischen Wolken, die dicht und tief über dem Meer hingen wie ein Bombergeschwader. Und ich muß mich unter „unserem" Zelt niedergelassen und noch eine Wolljacke über meinem Badeanzug anbehalten haben, denn es war an jenem Morgen gar kein Juliwetter. Ich weiß also nicht, warum ich diesen Rimbaud-Band mitgenommen habe. Ich muß eine Vorstellung von mir gehabt haben, die etwa so aussehen könnte: „Junges Mädchen, im Morgengrauen einen Strand betretend, um Gedichte zu lesen", eine Vorstellung, die meiner Traumidee entgegenkam – und jeder weiß, wie stark Traumideen Handlungsweise und Attitüden ein so unglückliches und so siegreiches, ein so ständig gedemütigtes und so stolzes Wesen beeinflussen, wie es ein junger Mensch von fünfzehn Jahren damals sein konnte – und heute noch sein kann, was ich auch Gegenteiliges darüber höre. Kurz, bäuchlings auf einem Frotteetuch ausgestreckt, den Kopf unter dem Zelt und die Beine im kalten Sand hochgereckt, schlug ich aufs Geratewohl dieses weiße Buch mit dem Titel *Illuminationen* auf. Ich wurde sofort vom Blitz getroffen.

J'ai embrassé l'aube d'été. Rien ne bougeait encore au front des palais. L'eau était morte. Les camps d'ombre ne quittaient pas la route du bois. J'ai marché, réveillant les haleines vives et tièdes, et les pierreries regardèrent, et les ailes se levèrent sans bruit.*

* (franz.) Ich habe die sommerliche Morgendämmerung umarmt. Nichts regte sich noch an der Schloßfront. Die Wasser waren tot. Breite Schatten lagerten auf dem Waldweg. Ich ging und weckte überall den frischen, milden Atem, und Edelsteine äugten, und Flügel erhoben sich lautlos. (Deutsch von Jeanne Mammen)

Ah! Mir war es plötzlich egal, ob Gott existierte oder nicht und ob die Männer Menschen waren und ob mich eines Tages jemand liebte! Die Wörter lösten sich von den Seiten los und schlugen mit dem Wind gegen mein Leinwanddach; sie fielen wieder auf mich zurück, ein Bild folgte dem anderen, auf Zorn folgte strahlender Glanz:

En haut de la route, près d'un bois de lauriers, je l'ai entourée avec ses voiles amassés, et j'ai senti un peu son immense corps. L'aube et l'enfant tombèrent au bas du bois.
Au réveil il était midi.*

Jemand hatte das geschrieben, jemand hatte das Genie, das Glück gehabt, das zu schreiben, das, was die Schönheit auf Erden war, was der neuerliche Beweis, die endgültige Demonstration dessen war, was ich seit meinem ersten nicht bebilderten Buch vermutete, nämlich, daß die Literatur alles war. Daß sie alles schlechthin war und daß zumindest ich dies jetzt wußte, auch wenn irgendein Blinder, in Geschäften oder in den anderen Künsten verirrt, es noch nicht begriffen hatte. Sie war alles: sie war Hoch und Tief, und wenn man das einmal wußte, gab es weiter nichts, man mußte sich mit ihr schlagen, mit ihr und ihren Wörtern, die ihre Sklaven und unsere Gebieter waren. Man mußte mit ihr dahineilen, sich zu ihr hinaufhissen, ganz gleich, auf welche Höhe, und dies selbst, nachdem ich gerade dies alles gelesen hatte, was ich nie würde schreiben können, was mich aber allein durch seine Schönheit verpflichtete, dem Ziel entgegenzustreben.

* (franz.) Oben auf dem Weg, am Lorbeerwald, umhüllte ich sie mit ihren zusammengerafften Schleiern und spürte ein wenig ihren mächtigen Leib. Die Dämmerung und das Kind sanken in die Tiefe des Waldes./Als ich erwachte, war es Mittag. (Deutsch von Jeanne Mammen)

Und was besagte schon irgendeine Hierarchie! Als wären zum Löschen eines Feuers, wenn ein Haus brennt, nur die Flinksten, die Schnellsten vonnöten, als bedürfte man dabei nicht aller Hände, die das Wasser herbeischleppen; als wäre es wichtig, wenn mich gleich zu Anfang der Poet Rimbaud im Galopp überholte ... Die Literatur hat, seit den *Illuminationen*, auf mich immer den Eindruck gemacht, als gäbe es irgendwo, überall, einen Brand, den ich löschen mußte. Und zweifellos ist dies der Grund, weshalb ich selbst für die berechnendsten, mittelmäßigsten, zynischsten, vulgärsten, dümmsten oder geschicktesten Schriftsteller, ob lebend oder schon tot, nie so etwas wie völlige Verachtung empfinden konnte. Ich weiß, daß sie irgendwann diese Sturm- und Feuerglocke schlagen hörten, daß sie von Zeit zu Zeit wider Willen verzweifelt zum Brandherd eilen und daß sie sich beim Darumherumhüpfen ebenso schwer verbrennen wie die, die sich hineinstürzen. Kurz gesagt, ich entdeckte an diesem Morgen, was ich liebte und bis zum Ende meines Lebens lieben würde.

Nach diesen drei Entdeckungen, die man, schaltet man alles Lächerliche aus, als eine moralische, eine metaphysische und eine ästhetische bezeichnen könnte, kam endlich die Entdeckung der Schriftsteller ... Ich gab diese verbissenen Tête-à-têtes mit mir selbst und meiner Adoleszenz auf und trat ein in die feenhafte, übervölkerte und einsame Welt des literarischen Schaffens. Im Südwesten Frankreichs ist es im Sommer immer schrecklich heiß, und in dem alten Haus meiner Großmutter herrschte auf dem Dachboden mit seinen kleinen Luken und den unter dem Druck der Schieferplatten stöhnenden Tragbalken eine Backofenhitze, in die niemand hinaufstieg. Und dorthin war der alte

Bücherschrank, ein in bürgerlichen Familien unentbehrliches Möbelstück, längst verbannt worden. Und dort fanden sich alle „verbotenen" Bücher, deren „verbotenstes", glaube ich, *Les Civilisés* von Claude Farrère war, in jener berühmten gelben Ausgabe mit Radierungen, bei deren Anblick heutzutage nur noch Vertreter meiner und früherer Generationen gerührt sind. Im übrigen stand dort alles durcheinander: Delly, Pierre Loti, La Fontaine, Exemplare der Masque-Reihe, neben denen sich überraschenderweise einige Dostojewskis, ein Band Montaigne und, einziger Überlebender der vierzehn, die er geschrieben hatte, ein Band Proust fanden: *Die Entflohene*. Ich will mich nicht weiter über die Trümpfe dieses Dachbodens auslassen: er hatte den Geruch, den Staub und den Reiz aller Dachböden aller Kindheiten – der Kindheiten aller jener Kinder zumindest, die das Glück hatten, einen Dachboden zu haben. Ich erinnere mich nur gerade noch, daß mir dicke Schweißperlen übers Gesicht rannen, ohne daß ich mit der Wimper zuckte, in einem alten abgewetzten, samtbezogenen Lehnsessel sitzend, gelegentlich aufgeschreckt durch die Schritte eines Spaziergängers, der so verrückt war, sich zur Siestastunde auf einen Stadtrundgang zu begeben.

Ich bin seitdem vielen Menschen begegnet, die Proust nicht gelesen hatten, weil sie ihn „nicht schafften", weil Swann, der berühmte Band *Eine Liebe von Swann*, den man ihnen präsentierte, sie verwirrte oder langweilte. Und ich muß gestehen, ich glaube, wenn ich mit den Amouren Odettes und der Kindheit des Erzählers hätte anfangen müssen, hätte ich viel größere Mühe gehabt, in diese endlosen Bereiche einzudringen. Mit der *Entflohenen* stieg ich sozusagen mitten ins Drama ein, begann ich bei der einzigen Abschweifung des ganzen Proustschen Werkes, dem einzigen Ereignis, dem einzigen Mal, da Proust die Stimme dem Zufall überläßt oder der Zufall sich in der Gestalt eines Telegramms vorstellt: „Mein lieber Freund, unsere kleine Albertine ist nicht mehr, verzeihen Sie, daß ich Ihnen diese schreckliche Nachricht mitteile, Ihnen, der Sie sie so geliebt haben. Sie ist von ihrem Pferd bei einem Ausritt gegen einen Baum geworfen worden . . ." Mit diesem Satz begann ich, und ich stürzte sogleich in einen Kummer, eine Verzweiflung, die der Erzähler unerbittlich immer wieder aufwühlte und aufpeitschte. So habe ich vielen Freunden Proust nahebringen können, die zunächst mit Swann nichts anzufangen vermochten, aber dann mit der *Entflohenen* den atemberaubenden Einstieg schafften. Aber ich entdeckte noch anderes in diesem Buch, das ich, neben den anderen, immer wieder las: ich entdeckte, daß es keine Grenze, keinen Untergrund gab, daß die Wahrheit, ich meine natürlich die menschliche Wahrheit, überall war, überall angeboten, und daß sie zugleich die einzig unzugängliche und die einzig erstrebenswerte war. Ich entdeckte, daß der Stoff jedes Werkes, sowie er sich auf den Menschen bezog, unbegrenzt war; daß ich, wenn ich dies wollte – wenn ich dies vermochte – eines Tages die Geburt und den Tod irgendeines Gefühls beschreiben und damit mein Leben verbringen konnte, Millionen von Seiten daraus zu produzieren, ohne je ans Ende zu gelangen, ohne je den Grund zu berühren, ohne je mir sagen zu können: Ich hab's geschafft. Ich entdeckte, daß man, daß zumindest ich nie auch nur die Hälfte, auch nur ein Tausendstel dessen erreichen würde, was ich tun wollte; ich entdeckte, daß der Mensch, der Gott ersetzte oder ihn nicht ersetzte, der verläßlich war oder nichts taugte, der nur Staub war und dessen Bewußtsein alles umfaßte, daß dieser Mensch mein einziges Wild war, das einzige, das mich interessierte, das einzige, das ich nie einfangen würde, aber im Vorübergleiten vielleicht würde zumindest berühren können, bisweilen, in einem jener großen Augenblicke des Glücks, die das Schreiben einem schenkt. Ich entdeckte auch, als ich Proust las, als ich mir dieses erhabenen Wahnsinns des Schreibens bewußt wurde, dieser unkontrollierbaren und stets unkontrollierten Leidenschaft – ich entdeckte dabei auch, daß Schreiben kein müßiges Wort war, daß es keineswegs leicht war und daß es im Gegensatz zu der damals herrschenden Vorstellung nicht mehr wirkliche Schriftsteller gab als wirkliche Maler oder wirkliche Musiker und Komponisten. Ich entdeckte, daß die Gabe des Schreibens ein Geschenk des Schicksals war, nur wenigen anvertraut, und daß die armen Trottel, die sich davon eine Karriere oder einen Zeitvertreib versprachen, nur armselige Frevler waren. Ich entdeckte, daß Schreiben eine spezifische Begabung voraussetzt, die kostbar und selten ist – eine Wahrheit, die heutzutage unbequem und fast unschicklich geworden ist. Dank der sanften Mißachtung, die sie ihren falschen Priestern oder Usurpatoren zeigt, rächt sich die Literatur im übrigen selbst: sie verdammt alle, die sie unberechtigt auch nur mit Fingerspitzen zu berühren wagen, zu Ohnmacht und Verbitterung und gewährt ihnen nur, gleichsam aus Grausamkeit, bisweilen einen vorübergehenden Erfolg, an dem sie ihr Leben lang zu tragen haben.

Ich lernte also durch Proust die Schwierigkeit und den Sinn der Hierarchien in meiner Leidenschaft kennen. Ich lernte durch Proust im übrigen alles.

Es gibt aber noch eines, das ich heute, wenn ich an diese erste Bekanntschaft mit diesen Büchern und ihren Landschaften denke, wohl eingestehen muß: wenn es mir heute unmöglich ist, die Entwicklung meines Lebens zu erklären, auch nur zu begreifen, wenn ich nichts weiß, wenn ich nichts gelernt habe im Verlauf eines bewegten Lebens, wie man es wohl nennen kann, so bleiben mir noch immer als Sprungbrett und Kompaß diese vier Bücher, von denen ich im übrigen nur noch die Hälfte hoch einschätze. Auf sie hat sich mein Denken Jahre hindurch bezogen, mit ihnen verbinden sich meine lebhaftesten und vollständigsten Erinnerungen. Riechen, Hören, Sehen und selbst der Tastsinn wurden in diesen Augenblicken ebenso erfaßt wie mein Denken – während die Erinnerungen des Herzens in mir immer nur ein verschwommenes Ganzes zurückgelassen haben oder nur einem einzigen Sinn ganze Erfüllung brachten. Das Erlebnis des anderen Auges, das einen anblickt, der ersten Liebe, der Regen- oder Kaffeegeruch des ersten Auseinandergehens haben sich bis zum Extrem entwickelt, aber zum Schaden alles übrigen. Regnete es bei diesem ersten Kuß, oder sagte man mir mit niedergeschlagenen Augen adieu? Ich weiß es nicht, ich lebte zu sehr mich selbst. Und ich mußte jemanden statt meiner leben lassen, damit ich mein eigenes Leben endlich ganz spüren konnte.

# Inhalt

*Uwe Timm*
Der Mann auf dem Hochrad
Legende

*bb-Taschenbuch 562*
*168 Seiten · Broschur*
*Best.-Nr. 613 425 8*
*Bestellwort: Timm, Mann bb*

Dies ist ein sehr amüsant zu lesendes Buch über einen originellen Erfinder und Streiter für die Kunst des Hochradfahrens im herzoglichen Coburg um 1890. Die Auseinandersetzungen um das Fahrrad in dem provinziellen Städtchen weiten sich zum Zank um den Fortschritt schlechthin, die Fronten gehen durch soziale Schichten, Vereine und Familien.
Uwe Timm, seinen Lesern in der DDR bereits durch „Heißer Sommer“ und „Morenga“ bekannt, erzählt eine Familienlegende. Er gibt ein farbiges Bild der Zeit vor der Jahrhundertwende und macht ein Stück deutscher Alltagsgeschichte einsehbar.

*Antonis Samarakis*
Der Reisepaß

*Erzählungen*
*Ausgewählt*
*und aus dem Neugriechischen übersetzt*
*von Thomas Nicolaou*
*bb-Taschenbuch 583*
*264 Seiten · Broschur*
*Best.-Nr. 613 900 8*
*ISBN 3-351-00255-6*

Antonis Samarakis kennt die Sorgen und Nöte der einfachen Leute; er weiß von ihren Lebensumständen, von ihren erfüllten (und unerfüllbaren) Sehnsüchten zu erzählen, von ihrem Denken und Handeln. Im Alltäglichen entdeckt er das Außergewöhnliche, und immer wieder erscheint – in Geschichten und Interviews, indirekt oder direkt – ein bestimmtes Wort: Hoffnung. Es ist Hoffnung nach Frieden, nach einem erfüllten Leben, das vielen seiner Helden vorenthalten wird, nach einer, wie er einmal sagte, „weniger inhumanen Menschheit". Bei Samarakis sind gesellschaftliche Aktivität, Literatur und Kunst eine unzertrennliche Einheit. In seinen Geschichten setzt er Satire ein, Ironie; und er spart nicht mit Sympathie, wenn er bestimmte Gestalten besonders mag. Samarakis will verändern, in den Köpfen der Leser und im täglichen Leben. Er tut dies zurückhaltend, doch unverkennbar. Er läßt die Geschichten sprechen, die Menschen in ihnen und die Geschehnisse, in die sie verwickelt werden. Und immer wieder heißt der Schauplatz Athen.

Aufbau-Verlag Berlin und Weimar

*Aus unserem*
*bb-Taschenbuchprogramm 1990*

## *Neuerscheinungen*

*Heinrich Böll:* Der Geschmack des Brotes. Erzählungen
*Erika Runge:* Berliner Liebesgeschichten (Arbeitstitel)
*Franz Werfel:* Verdi. Roman der Oper
*Moritz Hartmann:* Der Gefangene von Chillon
*I. Grekowa:* Das zerbrochene Heiligtum. Arztroman
*Arnold Bennett:* Lebendig begraben
*Howard Fast:* Max. Roman aus den Gründerjahren des Films
*Rita Mae Brown:* Rubinroter Dschungel
*Jef Geeraerts:* Die Coltmorde. Polizeithriller
*Marquis d'Argens:* Die Verkettungen von Liebe und Glück
*Françoise Sagan:* Das Lächeln der Vergangenheit. Erinnerungen
*Marie Cardinal:* Selbstgespräch mit Klytämnestra

## *Nachauflagen*

*Herodot:* Die zweideutige Weissagung
*Heinrich Mann:* Im Schlaraffenland
*Anna Seghers:* Transit
Die Toten sind unersättlich. Gespenstergeschichten
*Maxie Wander:* Tagebücher und Briefe
*Erich Weinert:* Das pasteurisierte Freudenhaus. Satirische Zeitgedichte